冯骥才　白庚胜　主编
中国民间文化杰出传承人丛书

民间故事家
——靳景祥

MINJIAN GUSHIJIA JINJINGXIANG

杨荣国　著

民族出版社

丛书编委会

主　　编： 冯骥才　　白庚胜

副 主 编： 罗　杨　　向云驹　　赵铁信　　吕　军

执行主编： 王锦强

编　　委：（按姓氏笔画排序）

于志海	才旦多吉	马雄福	王映雪	王益章	王锦强
韦苏文	孔宏图	叶少波	白金昌	白庚胜	冯骥才
吕　军	向云驹	刘铁梁	刘德伟	那　顺	杜　芳
杨永胜	杨利先	杨继国	李剑斌	何丽荣	余未人
余学军	忻雅华	汪秀珍	张　丹	张　苏	张　锠
张劲松	林德冠	罗　杨	罗中福	罗学光	郑一民
孟　燕	赵铁信	夏　秋	夏挽群	索南多杰	陶思炎
曹保明	鹿　玲	蒋水荣	程健君	傅功振	鄢维新

活着的遗产
——关于民间文化传承人的调查与认定

冯骥才

一

人类一边前进,一边把它创造的精神财富留在遗产里。这种遗产就是文化遗产。文化遗产的存在形态极其丰富和繁复,当代人共同认定的区分方式是分为两大类,即物质文化遗产和非物质文化遗产。

物质文化遗产是物质性的、静态的、看得见摸得着的,以物为载体的,它首要的价值是对远去的历史文化作确凿的见证。非物质文化遗产主要是非物质的、无形的、活态的,以人为载体的;它依靠人的口传心授而世代相传,因此它是活着的历史,也是我们精神生活的一部分。

自觉地传承这种非物质文化遗产的人就是传承人。他们是非物质文化遗产的主角。在人类尚没有"文化遗产"的概念之时,广大民间各种世代相传的文化中,唱主角也是这些传承人。他们就是数千年来一直活跃在民间的歌手、乐师、画工、舞者、戏人、武师、绣娘、说书人、各类高明的工匠以及各种民俗的主持者与祭师。这是一种智慧超群者,才华在身,技艺高超,担负着民间众生的文化生活和生活文化。黄土地上灿烂的文明集萃般地表现在他们身上,并靠着他们代代相传。有的一传数百年,有的衍续上千年。这样,他们的身上就承载着大量的历史讯息。特别是这些传承人自觉而严格地恪守着文化传统的种种规范与程式,所以往往他们的一个姿态、一种腔调、一些手法直通着远古,常常使我们穿越时光,置身于这一文化古朴的源头里。所以我们称民间文化为历史的"活化石"。

传承人所传承的不仅是智慧、技艺和审美,更重要的是一代代先人们的生命情感,它叫我们直接、真切和活生生地感知到古老而未泯的灵魂。这是一种用生命相传的文化,一种生命文化;它的意义是物质文化遗产不能替代的。

有史以来,中华大地的民间文化就是凭仗着千千万万、无以数计的传承人的传衍。它们像无数雨丝般的线索,闪闪烁烁,延绵不断。如果其中一条线索断了,一种文化随即消失;如果它们大批地中断,就会大片地消亡。

二

人类的非物质文化遗产基本上是农耕时代的产物。可是当前人类的文明正由农耕文明向现代的工业和商业文明转型。工业和商业文明要根本性改变人们的生活内容和生活方式,民间文化是一种生活文化,它必然首当其冲受到冲击和排斥,一部分被工业文明淘汰掉,一部分被商业文明转化为商品。这是全球性的问题,无论多么古老迷人的文化也得不到豁免权。我们所面临的这种转型又与急转弯式的社会变革紧密相关。工业和商业文明几乎是横向地"杀入"农耕社会中来。看上去,它更像一种文明的宰割。随着快速进行的乡镇农村的城市化、生活的现代化,原先固有的文化便被视为时代的弃物而搁在一边。在人们迟迟没有把农耕文明的创造当作遗产时,它们就已经支离破碎,大量地飘失与流散了。

其中最令人忧虑的是传承人的锐减。其原因,或是传承人年事已高甚至离世而去;或是无人承续,后继乏人;或是后人弃农经商,进城打工,改换身份等等,都致使传承线索的中断。这是今天我们深感中华大地的文化日渐稀薄甚至空洞的原故,也是我们要尽快认定和着力保护传承人的根由。

三

保护传承人的前提是认定传承人。对传承人全面、细致和快速的普查又是认定的前提。

此次展开的对全国五十六个民族的民间文化传承人的普查,得到中宣部的直接支持,定名为"中国民间文化杰出传承人调查、认定和命名"。该项目属于中国民协主持的中国民间文化遗产抢救工程中一项重要与核心的工作,起始于2005年3月。项目对象是杰出的民间文学、艺术、手工技艺和民俗技能传承者四大类。这些传承人应是技艺高超、历史悠久、传承有序,并为某一地区特有的民间文化传承人的优秀代表。

由于这项工作事关对历史的总结与今后的保护与传承,规范性、程序性、严格的学术鉴定和认定是必须遵循的工作原则。

对传承人的调查是在正在进行的民间文化遗产抢救性的田野普查中展开的。经过近两年有条不紊的工作,已产生第一批"中国民间文化杰出传承人",凡4大类164人,都是经过普查发现、申报推荐、专家鉴定、调查核实和网上公示等严格的程序才最终被认定的。他们是中国民间文化各个领域中杰出的传人,是活着的历史精华。传承人在得到了国家一级评定标准认定的同时,他们所传承的文化也被认定。中华文化的家底在他们身上被一件件认清,非物质文化遗产保护的目标也被具体地锁定。

为了使这项关乎中国文化传承的重要工作得到更确凿的延伸,我们对所有认定的传承人生活的文化背景、地域特征、民俗习惯及其传承史、口述史、技艺过程、艺术特点和代表作，按照统一格式进行进一步的调查与整理，建立完备的档案和数据库，并以图书方式加以表现。本书即是其中的一种。

四

必须强调，尽快调查传承人在非物质文化遗产保护中至关重要。因为我们对传承人之所知十分有限。对其保护的力度，抵不上它消失的速度。

在这第一批传人的调查中，就多次遇到过闻讯而去，却已人亡艺绝的憾事！特别是这批传人经过专家鉴定的是166位，但在评定与公示的过程中又有2位辞世，目前在世的是164位。超过80岁的9位，年纪最大的是纳西族东巴舞者习阿牛（93岁）。

一旦失去传人，非物质文化遗产就不存在了。传人去后，只有遗存。遗产的非物质性就转化为物质性的了。因此说非物质文化遗产比物质文化遗产脆弱得多。它的关键是传人的脆弱。所以，抢救性的普查、科学认定以及切实有效地保护传承人，才是保护非物质文化遗产的关键。

我们留给后人多少非物质文化遗产，就看我们查清、认定和保护住多少杰出的传承人。如果失去传人和传承，这些遗产只有一个归宿，那就是一动不动地躺在博物馆，并永远沉默着。

这是巨大又细致的工作，是不能绕过又十分艰难的工作，并且是必须亲临田野第一线的艰苦工作。但这是我们必须承担的工作。

这桩至关重要的事刚刚开始，愿更多的人投入其中。

2007.3.28

目 录

第一章　一个由七个守坟人繁衍的古老村落/1
　　　一、耿村的来历/1
　　　二、耿村的人文历史/5

第二章　交通要道和庙会集市沉积的文化奇观/9
　　　一、四月四庙会/9
　　　二、耿村集市/12
　　　三、看戏听说书的古风/14
　　　四、村民生活/16

第三章　靳氏家族及坎坷成长的靳景祥/21
　　　一、从落生村来到看坟庄/21
　　　二、从"种一葫芦打一瓢"到经商为业/23

第四章　厄运与辉煌/33
　　　一、因遗产被划为"富农"/33
　　　二、"文化大革命"中被揪回村/35
　　　三、从讲故事到杰出传承人/36

第五章　靳景祥的故事传承谱系/43
一、儿时听父母讲的故事/43
二、从姨娘家听来的故事/44
三、听大伯靳英瑞讲的故事/45
四、在饭店听食客讲的故事/46
五、从本村听来的故事/47
六、把戏文改为故事/47

第六章　靳景祥讲述故事的风格及特征/51
一、带有评书味/51
二、声情并茂善于模仿/54
三、善于把握听众心理/55

第七章　靳景祥的故事作品类别与传讲形式/57
一、故事作品的种类/57
二、传讲故事环境/61

第八章　靳景祥故事代表作选/65
一、嫦娥与后羿/65
二、杨六郎大战白石精/68
三、藁城宫面的由来/70
四、你别跑了/75
五、靳天保斗鬼/77
六、靳家为什么没有被杀绝/78
七、新郎新娘入洞房的由来/80
八、才女巧答知县/82
九、箱子里装小偷/85
十、扫帚破案/86

第九章　靳景祥讲述的谜语、歇后语精选/91
　　一、谜　　语/91
　　二、歇后语/94

第十章　亲友和乡邻眼中的靳景祥/99
　　一、老伴眼中的靳景祥/99
　　二、女儿眼中的靳景祥/102
　　三、儿子眼中的靳景祥/104
　　四、同行眼中的靳景祥/105

第十一章　故事村中的"故事"/109
　　一、张老连挨打/109
　　二、讲着故事升天堂/110
　　三、忘了下火车/111
　　四、小仓看戏/112
　　五、张才才演戏/113
　　六、傻花子砍树杈/114
　　七、送逃婚女回家/115
　　八、张老连和花子/116
　　九、北京的交警/118
　　十、中国故事第一村/118
　　十一、孙胜台治病——不用药/119
　　十二、徐丑货游览赵州桥——不用自己掏腰包/120

后　记/123

第一章 一个由七个守坟人繁衍的古老村落

村庄,是人类在漫长的繁衍中形成的最基本的居民自然居落。这个居落由一个或数个家族聚居而成,并成为国家和民族的最基层的政权单位。在中国六十多万个自然居落中,每个居落都有着自己的发生发展史和神奇的传说和故事,维系着居落的尊严、形象和血脉,记录着居落的荣辱和兴衰。

然而,由守坟人形成的居落并不多见。在冀中与冀南交界处的平原上——河北省藁城市就有这样一个由七个守坟人繁衍而成的古老村落,村名就叫"耿村"。

一、耿村的来历

关于耿村的来历,有多种说法。

据清代编纂的《藁城地名志》记载:耿村古为中山国地,明太祖朱元璋的义父耿再辰死后封王葬于此,派本县靳氏七人来看守坟墓,渐渐形成村落。

但在田野调查中发现,关于耿村的来历,世代耿村人有四种说法。

耿村村名来历石碑
耿王墓旧址
耿王墓旧址前的石碑

其一,战死说。明太祖朱元璋有个义父叫耿再辰,他是一员大将,武艺高强,在战场上屡建奇功,深得朱元璋器重。朱元璋为平定中原,率兵北征,一次在滹沱河上与元军打仗时,耿再辰不幸被敌军杀死。朱元璋非常悲痛,下令将其埋葬在此。为了看守耿再辰的坟墓,官府派藁城县南端落生村靳氏父子等七人前来看守。靳家就此住下,并在这里开荒种地。随着时间的推移,靳氏家族的人口繁衍得越来越多,逐渐形成了村落。

其二,病死说。朱元璋虽贵为开国皇帝,但他的义父耿再辰却是个乞丐。耿再辰四处流浪,以要饭为生,东走西游中来到这里,病死了。邻村几个要饭的发了善心,找来几块破席片和秫秸箔把他卷起来,准备挖坑埋葬。这时一只花凤凰飞来落在耿再辰的尸体旁,正好被路过的县官看到。县官认为凤凰不落无宝之地，于是就命令手下人在凤凰落地的地方往下挖。结果挖了半天，一无所获，只好走人。几个要饭的便把耿再辰扔进坑里，正要埋时，忽然刮起了大狂风，不但把坑刮平了，还刮起了一个大土疙瘩。后来，朱元璋坐了天下，寻找到义父的下落，就封耿再辰为"耿王"，派落生村靳姓一家七人来看坟。靳姓一家的后代娶妻生子，此处便渐渐形成了村落。

其三，风水说。明朝开国后定都南京，军师刘伯温认为京城偏南，恐怕难以镇住北方，建议皇坟北移。皇上朱元璋不肯迁动他凤阳老家的陵墓，便下令把义父耿再辰的墓北移，封耿再辰为"耿王"。将耿再辰墓修成三亩地大的坟丘，设年祭，置仪礼。还派靳氏一家来看守坟墓，由此形成了耿村。

其四，换命说。耿再辰是元朝的大将，他不仅会看阴阳和懂天象，而且还会相面。有一次，朱元璋与元军作战，不幸被活捉。耿再辰奉命押解朱元璋回京城。这天夜里，走到藁城县，耿再辰一连做了三个同样的梦，梦见木笼囚车里锁着条长虫，长虫变成了一头猪（朱），跑到金銮殿，拱倒几根柱子。耿再辰以为这是神灵向他昭示朱元璋乃真龙天子显身，将来要由他改朝换代。于是，耿再辰便向朱元璋挑明了此事，并提了个交换条件。耿再辰放走了朱元璋，因无法回去交差便拔剑自刎，手下人只好就此将他埋了。后来，朱元璋果然做了明朝开国皇帝，便兑现暗中的许诺，称耿再辰为"义父"，追封为"耿王"，重修了耿王墓，并将每年的四月初四耿再辰归天之日设为祭祀之期，派京官来举行仪式。官府怕耿王墓遭不测，派本县靳氏父子等七人看守坟墓。由此，靳氏家族便在耿再辰坟地附近逐渐繁衍成村。

耿王墓所在之地，原本是沙丘荒漠之地，因官府每年来祭祀，便修了通往四方府县州衙和都城的通衢大道，于是耿王墓所在地就成了东西南北的交通枢纽。守墓人携家带口，加上祭祀时临时搭建的棚舍和各地商家赶来供应祭祀人吃喝享乐的驿馆店铺，年复一年，这里便成了一个村庄。耿王墓坐落在耿村村南边路东，原来曾有一座大土疙瘩，方圆四五亩地，高三丈多。后世不知何年何月何人何因，在渐渐颓废的坟墓上又建了一座小庙，俗称"大仙堂"。大仙堂坐北朝南，庙前有个大火池，还有三间东房和

耿村民居一角
藁城牌坊(张罗义摄)

一棵柏树,但"文化大革命"期间已被铲平。现存的耿王墓,只是村民们在旧址上搭建的一个简易的棚子,面积不过二亩大小,四周被庄稼地包围着。旁边有一块石碑,上边刻有"保佑一方"四个大字和乡民捐款名单,并有"中华民国十四年三月重修"字样。昔日耿王坟的威严和显赫虽已荡然无存,但在当地百姓心中仍是一块神圣不可冒犯之地。

历史既然让这里形成了村庄,就得有个名字,耿村最早的名字叫"看坟庄"。后来,人们嫌这名字不好听,拟以七个守坟人的姓为村名,即"靳家庄"。但村庄中已有了不少外姓人家,最后只好以墓主人的姓来相称,叫"耿村"。

然而,至今耿村没有"耿"姓。那么,历史上是否有耿再辰这个人呢?查《藁城县志》,对"耿王墓"和"大仙堂"均没有记载,而在《明史》和《中国人名大辞典》中的明代历史中只有一个叫耿再成的人,并无耿再辰。耿再成为明初将军,驻守处州

（今浙江丽水），死于酋帅李佑之的袭击中，未提及是朱元璋的义父。至于耿村人为何将耿王墓中的主人称为"耿再辰"，究其原因，"成"和"辰"二字音相近，按照地方土话发音"辰"、"成"不分，由此"耿再成"便叫成了"耿再辰"。

在《明史》中，还记载着一位叫"耿炳文"的忠臣大将，于明建文元年（1399年）八月率领三十万大军在藁城北真定（今正定县）与燕王交兵时阵亡，死后就在这一带安葬。那么，耿村耿王墓中究竟埋葬的是耿再成还是耿炳文，没有史学家考证的结论，但祖辈守护耿王墓的耿村人却一口咬定，墓中主人是朱元璋的义父——耿再辰，并以此为骄傲，世代传颂。

耿村人凡是50岁以上者，都亲眼目睹过当年耿王墓大土疙瘩。这些大土疙瘩不是本地的沙土堆成，而是由地地道道的黑土垛成，土质极其坚硬。有人还说，当地的沙土缺少黏性，而这种专门从石家庄西边获鹿县（1994年5月18日，经国务院批准撤获鹿县设立鹿泉市，鹿泉市驻获鹿镇）运来的黑土，质地坚硬，用这种黑土堆墓不容易被大水冲坏。由此可知，这是一座人工墓葬，里边所埋的人也绝非等闲之辈，因为寻常百姓及农家富户是没有能力从异地运土来修筑这样大的坟墓的。不管坟墓中埋葬的是何等身份的人物，从民间传说、村民宗族家谱考究和地方史志记载，这个由七个守坟人繁衍发展起来的村庄，至少已有六百年的历史。村中大姓靳氏先人在耿村形成和发展的历史上作出了杰出贡献，是耿村六百年来物质文化和精神文化的重要创造者和传承者，可称为"开村先祖"。

二、耿村的人文历史

当耿村以一个行政建制出现在河北冀中平原南部的时候，它的发展与变化，就与这块广袤的大地紧紧地联系在一起，成为记录和承载这块大地历史文化的重要组成部分。

从行政区辖和地理位置看，耿村隶属河北藁城市，位于河北省西南部，石家庄市东侧；地理坐标为东经114°39′~114°59′，北纬37°51′~38°18′；

西距省会石家庄31公里，北至北京264公里。

翻阅史志辞书，"藁"字有两个解释：一是一种可祛风散寒止痛的多年生草本植物；二是地名专用字。所谓地名专用字，就是指河北省藁城市，由此可知藁城的历史极其悠久。早在公元前1400年商代中期，就有"朵氏"部落方国在境内沿滹沱河一带劳动生息。据《藁城县志》记载："春秋为肥国之都，战国为赵国宜安，西汉元鼎四年（前113年）始置城县。是后废置不时，分并不一，同为一地而称谓分歧；有肥累、高城、廉州、永安等名。蒙古太祖时改城为藁城，沿袭至今。"

在数以万计的古汉字中，古人为何独独将"藁"字赐予这个地方并成为专用地名字的奥秘，至今还没有人破解。据笔者考究，"藁"字为在高大树上长着丰美的庄稼和草，意在形容这里是一块富饶之地。藁城地处太行山东麓滹沱河洪积冲积平原，海拔均在65米以下；气温属温带大陆性季风气候，一年四季分明，春季干燥多风，夏季炎热多雨，秋季气温凉爽，冬季寒冷雨雪稀少；地面平缓，土质肥沃，物产丰富，最适宜农耕，历代以盛产棉花、小麦、玉米、甘薯、谷子、高粱、大豆、花生和梨、苹果、桃、杏及各种瓜菜，素有"燕赵天府"之誉。

肥沃富饶的藁城大地，既是人类繁衍生息的天堂，也是古今兵家必争之地。据《藁城县志》记载：周秦以来，战事频繁，诸如晋荀吴灭肥；战国赵将李牧率师抗秦，收复宜安；北魏拓跋珪与后燕慕容宝夜战滹沱河，长孙肥破赵准于九门；唐淮安王李神童联合李艺迎战刘黑闼，郭子仪、李光弼合兵征讨叛将史思明；契丹军卢龙节度使赵延寿攻后晋克藁城；元末刘福通起义，屯兵真定、藁城，大战元军；明初，藁城又是明惠帝朱允汶屯兵御燕之要塞，"靖难"兵起，燕军与平安、吴杰、都指挥史葛进两次血战藁城；清代太平天国将领林凤翔率部北伐攻克藁城，挥戈北逼京城；抗日战争时期，藁城乃冀中主要抗日根据地，冀中七分区军政领导常驻南孟镇一带，组织各界民众坚守国土，抗击侵华日军八年之久，谱写了一曲曲民族悲壮的颂歌。

历史犹如一条奔腾不息的河，在数千年的奔腾中，既书写出历史的辉煌，也沉淀出极其丰厚的文化财富，陶冶锤炼出藁城人坚强不屈、勤劳勇敢、刻苦进取、开朗善讲的品性。在众多的历史事件中，有两个让耿村人世代难以忘却的历史事件。

一个是对世代藁城人影响最深的为当地妇孺皆知的燕王扫北传说，史称"靖难之役"。明建文元年（1399年）七月，坐镇北京的燕王朱棣为夺取王位，以"清君侧"为名，拥兵拉开了在河北平原发生的最残酷的历史战争之一。当时，朱棣亲率大军与建文帝手下大将耿炳文，在藁城耿村一带进行了两次大战，只杀得血流成河、人口所剩无几，最后燕王朱棣战败对手而登上帝位。交战结束了，但相互厮杀的惨烈仍如刀刻斧凿一般永远留在世代藁城民众的心中，至今仍在广为流传。

另一个历史事件是抗日战争期间发生在藁城梅花镇震惊中外的"梅花惨案"。1937年10月，惨绝人寰的侵华日军在藁城梅花镇进行了一场灭绝人性的大屠杀。这场疯狂大屠杀进行了四天四夜，共杀害平民百姓2500多人，烧毁房间六百多间，有46户被杀绝，繁荣富庶的梅花镇顷刻变成了活生生的人间地狱。而梅花镇就坐落在耿村西南5公里处，成了当地人永难忘记的家仇国恨。

伴随人为的战火灾难的是天灾水患。流经藁城大地的滹沱河，发源于山西，自西向东而流。据耿村故事家吴彦龙回忆：滹沱河原来从西北方向流来，经朋学村南流入晋县。早年间耿村本在滹沱河北边，离河岸一两里路。清朝期间，洪秀全率领的太平军造反北伐时，在这一带有过一场惊天动地的血战，成千上万的死尸堵塞了河道，大河无奈，只好改道，从藁城城墙北面流向东北。这样，本来在滹沱河以北的耿村、朋学等村，一下子变成在滹沱河南边了。那年月，穷苦百姓犹如雪上加霜，田里颗粒不收，家里房倒屋塌，有的妻离子散，有的卖儿卖女外出讨饭。

据不完全统计，自周开始至新中国成立之前，有史可查发生在藁城地面上大大小小的战争足有上百起。战争，磨炼了藁城人民的品性，造就了他们不屈不挠、勇往直前、勇敢好胜、坚毅豪爽的性格；水患，培育了藁城人民自强不息、不畏艰难、顽强乐观、坚忍不拔的品行。战争和水患并没有吓倒英勇的藁城人民，反而历练了他们战胜困难的勇气，使得他们天生乐观、朴实善良、穷讲善念。把人生经历的苦难和历史流传下来，创作成故事，广泛讲述，不仅是他们的民风和精神享受，更主要是激发他们战胜灾难的勇气和构筑民族品性。俗话说，一方水土一方人，世代生活在这块大地上的耿村人，就是这群人中品性的典型，是这块大地上居落文化的一颗璀璨的明珠。

第二章　交通要道和庙会集市沉积的文化奇观

文化是一条河,从古至今源流相连;文化是一棵树,从里到外,血脉一致。而将文化凝聚成奇观,却需要漫长的积累和升华。

在六百多年的历史进程中,耿村就是一个由看坟庄逐渐衍变形成的村落,特殊的发展史给耿村这里留下了神话般的传说,人为创造的生存环境使耿村成了地域文化积淀的殿堂,坎坷多难的岁月和一代又一代坚持不懈地创作和传承使耿村文化呈现了不同凡响的价值和影响。

揭开耿村文化奇观之谜,还要从村中几个古老传统说起。

一、四月四庙会

据耿村人讲,朱元璋做了皇帝后,便公开称耿再辰为义父,追封为耿王,出银两重新修葺耿王墓。由于农历四月初四是耿王归天之日,因此这天便被设为大祭之日,故每年农历的四月初四官府和守坟人都要举行盛大的祭祀活动。皇差官吏出动,声势浩大,人员众多,举行祭礼时又有

众多四方百姓来观看，祭奠之日可谓人山人海、热闹非凡。商家看准这是难得的商机，便在祭日之前赶来搭棚摆摊，年复一年，使地处荒野的耿王坟便逐渐演变成一年一度的盛大庙会。在此期间，乐善好施的儒、释、道信徒们又先后在村中建了真武庙、观音庙、关帝庙、五道庙、三官庙、奶奶庙、马王庙、耿王墓大仙堂、自落寺、蛇仙洞等大小庙宇，耿村很快成了以祭祀耿王为主的庙宇群和多种文化汇聚之地。

每年的四月初一至初六为耿王庙会，届时方圆百里的善男信女和商贾纷纷赶来进香、做买卖。靳景祥老人回忆说："民国时期，耿王坟一带土地方圆几十亩，开春不耕不种，专为庙会期间所用。每年有两台大戏对唱，庙会上人山人海，求神拜佛者的络绎不绝，挤得

耿村街道
鸟瞰河北省藁城市（藁城市文化局提供）
庙会一角——打扇鼓
靳景祥与故事家侯果果讲故事

水泄不通,可达几万人。"

在"文化大革命"期间,耿王墓被铲平。为了破"四旧",村民们将大土疙瘩刨开取土,拉到家里垫猪圈、盖小房,化为平地。20世纪80年代以后,国家发出保护文化古迹的号召,村民们自发的在原来耿王墓旧址上重新修建了一座祭祀耿王的小庙。

1988年4月,笔者随石家庄地区文联组织的普查组到耿村进行民间文学搜集整理工作,有幸目睹了"四月四庙会"的热闹与繁华,真正领略到民间艺术的博大与厚重。四月初四这天一大早,人们从四面八方向耿村走来,有开汽车的,有开拖拉机的,有骑自行车、摩托车的,有步行的。来赶庙会的人中,既有车拉肩挑来经商做买卖的,也有到耿王墓参加祭祀活动的,当地人称之为

1991年在藁城市召开"中国耿村故事家群及作品和民俗活动国际学术讨论会"(肖政摄)
耿村故事厅(张罗义摄)
耿村村民在看戏
靳景祥家小院

"敬佛团",而更多的是来看热闹、走亲访友和选购农耕用具日用品的。

所谓"敬佛团",成员们往耿王庙上走时,要排成队,前边有人举旗,后边敲锣打鼓。耿村的善男信女们在耿王庙前一一迎接敬佛团的到来,还要举行祭礼仪式。敬佛团活动形式有文有武,武的打扇鼓、跑花灯、担花篮、仿取经等,配打击乐,边唱边舞,走"8"字舞;文的在神前站立唱诵,唱词多是民间小调。四月初三晚上达到高潮,跳的不歇,唱的不停,通宵达旦,以表示对神的虔诚。其中藁城木连城村的绸舞、大常安的花篮舞都很有传统特色;晋县韩庄出演的《唐僧取经》中唐僧、孙悟空的形象惟妙惟肖,引来许多观众喝彩;有一拨敬佛团共12人,舞的是木龙,那条龙造型奇特,色彩鲜艳,十分好看;传统的扇鼓舞大都是中老年妇女在表演,他们脚步轻盈,表情自然,虽然未经专业训练,个个都很投入和陶醉,具有很强的感染力。

庙会期间,藁城周卦村的乱弹戏连唱四天,庙会上人潮如海,经商做买卖的喜笑颜开,生意兴隆。耿王庙会既是耿村百姓求神拜佛的之时,也是耿村人招待亲朋好友一年中最繁忙的时候,更是各种民间艺术互相交流和汇聚沉淀的最佳时机。据专家学者称,一年一度的耿王庙会不仅给耿村带来经济繁荣,也带来文化繁荣;它既是众多文化事象的载体,也是升华各种文化事象的熔炉。

二、耿村集市

耿村集市是伴随着庙会而兴起的,法定立集时间大约于清康熙年间(1662—1722年)。关于立集市的原因,县志中并无记载。但据说:一次康熙微服私访来到这里,见四周风水不错,就是有点冷清,就对村民们说:"为什么不设立个集市?"有人问:"立哪一日好呀?"康熙想了想说:"每月逢一、六日为集市吧。"从此,耿村"一、六"集市就成了这一带约定俗成的重要的农贸活动场所了。若从康熙年算起,至今已有三百多年历史了。当时耿村由于地处交通要道,集市很快繁华起来,而且规模宏大,很令人羡慕。当地人对耿村集市的红火用"一京二卫三耿村"来形容,本村老百姓更自豪,他们说:"除了北京、天津繁华之外,就是俺们耿村最热闹了!"这既是农耕社会封闭农村对家乡热爱的写照,也是具有数百年历史的耿村集市长盛不衰及在当地很有影响和名气的反映。

集市给耿村带来经济繁荣,也带来文化繁荣。靳景祥老人不止一次地对我说:"俺们村只所以故事多,与这个集市有很大关系,南来北往的客人来到这村经商,到了晚上互相讲故事消遣娱乐,慢慢地形成了村里人爱听故事、讲故事的风气。"

耿村虽小,但历史上集市很大,集市传播了耿村的名气,形成了凝聚力,也吸引了许多外地人到耿村安家落户。村民王玉田祖上就是从山西高平县迁来的,以开染坊为生;刘老为一家从宁晋县搬到耿村以卖卷子为业;以打铁为主的唐锁晨一家从山东德州落户耿村……袁学骏同志在《耿村民间文学论稿》一书介绍说:"七七事变"前后,全村的商业铺面、各种手工业达一百多家。其中铁货铺6个,染坊6个,医药铺6个,木货场8个,煤盏8个,粮店18个,杂货铺6个,客店15个,大车店5个,饭店9个,酒馆4个,卷子坊3个,还有当铺、油坊、皮货铺、点心铺、粉坊、盐店、石匠铺等。而当时的耿村只有70多户,460余人,如此众多的商铺聚集在一个小村里,红火热闹情景可想而知。人们用"一京二卫三耿村"来形容耿村的繁华和在当地生活中的地位,也是很有几分道理的。

自古以来,耿村就有一条东西大道从村南蛇仙洞前经过。自从有了集市之后,这里也是通向西至山西长治、东至山东德州、北至天津的要道。集市的繁华,买卖的兴隆,使本来以农为业的耿村人渐渐养成了重商轻农的习俗。这种民风,一直延续到现在,逢集做买卖和外出打工、外出经商仍然是他们的重要收入。耿村有句农谚:"穷逢五,富二七,好难熬的一六集。"意思是,过集之前家里已经开始缺这少那,所以叫"穷逢五",一、六过集挣了钱买了吃的用的,正好是逢二、七的日子,所以叫"富二七"。每10天有两个集日,耿村人还嫌少,恨不得天天过大集,可见集日买卖关系着各家各户的吃用花销各方面。

1987年6月，笔者第一次到耿村搞民间文学普查时，见房东一家每逢过集都买菜吃，当时还不理解。因为在北方农村，家家有菜园，自吃自种，印象中买菜吃是城里人的事。这虽是一件不起眼的生活细节，却反映了耿村人对市场经济的依赖和对农事耕种的不重视，然而正是这种生存观点和环境，耿村人有了更多的时间和机会听故事、讲故事。

世上没有永恒不变的岁月。新中国成立后，先后修建了石德铁路（石家庄至德州）和沧石公路（沧州至石家庄），这两条东西大动脉的开通，使明代以来通过耿村的古大道被边远化和冷落了。尤其是在改革开放之后，周围村庄也相继立了集市，比如耿村南边的朋学村、西边的北楼等。这种巨大的地理环境变化，不仅使得耿村集市越来越小，而且也失去了交通要道的地位，原本富裕的耿村、热闹红火的耿村，渐渐变得贫穷落后了，虽然耿村经商之风一直未断，但再也找不到"一京二卫三耿村"的感觉和景象了。新一代农民经商已不满足于本村的集市和小商小贩，像靳满良、徐丑货等人，天南地北到处都有他们的足迹，村民歌谣称："乘飞机，坐轮船，除了火箭都坐遍；上东北，下江南，除了台湾都跑遍。"然而，大多数村民仍固守在古老的村落和土地上，他们日出而作，日落而息，逢集摆摊，闲暇时以讲故事、听故事作为最美好的精神享受，保持着数百年形成的淳朴民风民俗，被专家学者称为"民间文化奇观"。

古老的集市，既给耿村人带来了金钱和富足的生活，也带来了四面八方的口头文化；既影响了人们的生活习性和观念，也使传统农耕文化得以沉淀和升华。这些是耿村人生活不可分割的部分，也是耿村人了解外面世界和吸收各地民间文化的窗口；是各种商品汇聚的载体，也是各种民间文化交流碰撞的摇篮。

三、看戏听说书的古风

精神与物质向来是相辅相成的，互相促进影响。集市和庙会给耿村带来经济繁荣，也带来民间文化大汇聚。自从有了庙会和集市之后，戏剧演出、说书的和各种民间花会也争相而至，这既是娱人娱神的活动，也吸引四面八方商家和香客，更是各种民间艺术交流提高和展现价值的机会。于是靠经商使生活相对富足的耿村人对看戏和听说书更加情有独钟。每年"四月四庙会"期间，都要请戏班子来唱戏，少则五天多则十天半月，河北梆子、评剧、京剧、丝弦、乱弹、秧歌等剧种应有尽有。耿村过去庙宇很多，号称"七山十庙"，每个庙宇的祭祀日都要请戏班子来唱戏，几乎是一年四季锣鼓声不断。说书的艺人更是街头一景，尤其到了冬天农闲时，一部书说三个月还要留个尾巴等过了年再来。靳景祥的大伯靳英瑞就是在这中环境中熏陶出的著名西河大鼓艺人之一。

看戏不仅是耿村人的精神享受，就连集市上出现了矛盾也请唱戏的来解决。民国时期，南古底村也立了一、六集日，由于后来集市上经常有人欺负卖线、卖布的女人，经商做买

深入农户采集故事
靳景祥悠闲漫步
耿村故事路
给孙子讲故事

卖的人看不惯，就陆陆续续搬迁到耿村这边来。之后，耿村集上收税多了，晋县做棉花、布匹生意的又搬到南古底村，有些做买卖的见他们一走，也相继到南古底村去了。耿村集市上人少了，村民们就想办法把赶集的人再拽回来，于是在过集时请戏班子唱大戏。南古底村也不甘示弱，请来戏班子对着干。耿村每集唱戏吸引客商，在大棚上写着对联："你们豁着东南道，俺们仗着耿王庙。"横批："永不后退。"双方唱戏夺集达二十年之久。直到解放石家庄的那年，一架昏头昏脑的飞机炸了南古底集，死了人和牲口，南古底集市一下子灭了，两个村的恩怨才了结。

无论唱戏还是说书，演讲的都是忠臣良将、孝子贤孙，鞭挞的都是奸佞丑恶、懒汉惰夫。看戏听说书时间久了，耿村人慢慢地不再满足于眼看耳听，他们自己也组织戏班子登台演出。大约1935年，在靳英瑞、徐大汉等人的努力下，耿村成立了秧歌班，演出剧目有《四劝》、《打经堂》、《兰桥断》等。新中国成立后，秧歌班改为评剧团，后来又改为京剧团，直到"三年困难"时期因生活贫困才解散。这种生活对耿村人来说，既陶冶了人们的情操，也使艰辛枯燥的生活充满了乐趣和增加了故事讲说的内容。他们从各个剧本中吸取了丰富的营养，对耿村故事的发展和沉积起到了推动、丰富的作用。因此，他们的故事中有许多都是与戏文和说书有关的或由戏文和说书演化而来的。

四、村民生活

在华北平原上，耿村只是一个小的村庄，现有306户1212人，人均耕地不足一亩，全村人均为汉族。村子虽以"耿"为名，但并无耿姓，村民60%以上姓靳，此外还有徐、王、唐、张、李、曹、刘、郝、马、梁、龚等姓，小村姓多。这一现象在藁城一带很少见。

20世纪60至70年代，村民住的大都是土坯房，只有个别户住的是砖房。党的十一届三中全会之后，村民们逐渐建起了全新的砖瓦房，现在有的人家已盖起了二层小洋楼。但比起周围的村庄，耿村仍然是一个比较贫穷的村落。究其原因，不是耿村无发展，而是其他村庄发展的步子比较快和大。历史比较富裕的耿村人太陶醉自己的辉煌和优越了，太满足自己的现状和生活了，缺少了"穷则思变"的勇敢和开拓。当然，一个村庄的落后是由多种原因造成的，从文化心理找原因，那是观念问题。可喜的是，近年来耿村已开始了建设社会主义新农村的宏图，正在阔步向前！

数百年庙会和集市生活的熏陶，使耿村人极其勤奋和精明，以善于经商闻名。他们虽然是农民但对种地并不十分熟悉，不像其他地方的农民，耕种农田对他们来说，每年只有两个农忙季节——夏收麦子，秋种麦子，其余时间都是经商做买卖或外出打工。日常花费主要靠经商所得。在他们看来，种地费力大收获少，辛辛苦苦忙一季，不如集市上买卖几斤"枣"。所以，在这个村里，不仅男人会经营，妇女儿童也在集上摆摊卖货，生意经是自幼养成的，重诚信讲公道和不怯生敢讲话已是一种民风。村民们上台讲故事不怯场、不忸怩，可以说与他们丰富的经商经历有关。

新中国成立后，村民的婚姻都是一夫一妻，近亲及三代内不能结婚。过去，婚姻大事全凭父母之命、媒妁之言。如今，年轻人大都是自由恋爱。家庭结构多是小户型，结婚之后，分门另过，一对夫妇生一两个孩子。这种家庭结构既增强了青年人的独立性和责任感，也为他们提供了参与社会的机遇和条件。

耿村婚姻习俗具有传统的地方色彩。男方家里需准备好新房，屋里的摆设、家具却靠女方家来置办，不管是哪一方没有置办好，家长都会受到邻里的指责。重男轻女思想很普遍，"不孝有三，无后为大"的观念根深蒂固。谁家生了儿子，说话走路都带劲，外人也不敢小看。若娶来的媳妇不生养或没有儿子，在人前总感到抬不起头来，是一生中最大的遗憾事。这既是长期受封建伦理影响的结果，也是男子在农耕社会中重要地位的写照。

在生育礼俗中，村人最重视的是生了孩子过十二天。耿村人为孩子过十二天，是仅次于结婚的大喜事，叫小满月。生儿子称"大喜"，生女儿称"小喜"。这天，亲朋好友、左右邻舍，一个家族的都要带上礼物来庆贺，大吃大喝热闹一天。在庆祝过程中，还要把孩子抱给大家看，众人即兴说着祝福和夸赞的话。

耿村流行为老人庆寿的习俗。庆寿活动最数66岁隆重。从前要请说书的、唱戏的、耍把戏的来贺喜，富户人家还舍饭，烧香祝福。现在给老人祝寿，根据家庭经济条件而操办，演电影、放录像、请戏班子等形式不一。由此形成的孝风，很受周围村民的称赞。

在饮食上以，耿村人以往主食是玉米或高粱面饼子、玉米粥、小米粥。20世纪80年代初分田到户后，人们的生活水平一天比一天好起来，白面成了主食，面条、馒头、烙饼、饺子、大米是家常便饭；过去天天吃的玉米面、红薯、高粱等粗粮如今成了稀罕饭食；在冬天主要的蔬菜是大白菜、萝卜、土豆等；夏天主要是豆角、茄子、黄瓜、韭菜、西葫芦等。其中西红柿、芹菜、大青椒、蘑菇等是过去在农村吃不到的高级菜，如今一年四季都能从集市上买到。老年人用蜂窝煤做饭，年轻人用液化汽、电磁炉等现代化灶具，与城市里的人基本没有大的差别。

受传统信仰的影响，耿村人几乎家家供奉神仙，并极其虔诚。这一现象在周围其他村庄是不多见的。观察各家中厅，最好的位置一定是供神的地方。常见的神有玉皇、观音、如来、关帝、财神、药神、牛王、土地、灶王、天官、水官、地官、太阳、十王、八王、二王、宝仙、老君、老母、吕祖、胡仙、长仙、白龙、草神等五十多种。平日里，每月的初一、十五都要给神烧香磕头，以家庭主妇为主。神仙在村民们的心目中是至高无上、不可侵犯的。赤身裸体、洗脚脱鞋都不准正对着神像，说是会亵渎神灵，从而会招灾生祸。春节是家家户户请神、敬神的高潮，时间长达二十多天。纵观这种多神信仰，既是农耕社会信仰的遗存，也是经商、务农人寻求精神慰藉的一种礼仪。这些是研究农耕社会信仰的"活化石"。

由于周围村庄众多集市的兴起和商业物流的发达，今日耿村的一、六传统大集，每日只有半天时间了，从早上八点开始陆陆续续上人，中午十二点以后人们开始离退。在集市上摆摊做买卖的小商小贩有本村人也有外村人，外村人占多数，集市上大到骡马牛羊，小到针头线脑，各种商品琳琅满目。该村民户年均收入最高者可达百万元以上，中等人家收入多在两三万元之间，低收入家庭也有几千元左右。中等收入占多数。

耿村人重视经商，也重视教育。新中国成立前，有钱人家也请私塾先生，但大多是在经商中学习数学语文知识。新中国成立后，村里创办了一所小学，1997年迁址重建。新学校共25间，设1—6年级，有学生160多人，教师10人。自实行高考以来，村里共出了20多名大学生，大多数青年完成初中或高中学业后就步入社会了。

因耿村故事在国内外产生了一定的影响，1991年，在省、市文联有关领导的协调下，省财政拨专款修建了"耿村故事厅"和一条通往耿村的柏油路，村民们称之为"故事路"。如今故事家们仍然以此为荣，非常自豪。

上述几个方面虽不是耿村人生活环境的全貌，却是世代耿村人繁衍生息的生活写照。这种环境既熏陶出耿村人善经营讲诚信、开朗勤奋、爱幼敬老的品性，也为各种民间文化汇聚和成长提供了肥沃的土壤。历史创造了耿村，绵延六百余年的沉淀和积累使民间文化在这个古老的村落形成奇观，让名不见经传的小村庄成为农耕居落文化典型，蜚声四方，吸引着中外专家学者的目光。

第三章　靳氏家族及坎坷成长的靳景祥

家族是中国社会中的基础组织，是繁衍生息人类支脉的摇篮。如果用一句形象的话来比喻，家族是人类机体组织中的细胞群，维系着一个个家庭，担负着同族同宗传递香火的重任，而每个人只是这个家族中的一分子。因此，研究故事家靳景祥的成长发展史，必须了解生育抚养他长大成人的靳氏家族。

一、从落生村来到看坟庄

藁城县的县域地形，犹如"八"字的一撇。在这个一撇的最南端，有个村庄叫"大善村"。大善村地处藁城、赵县交界之地，清咸丰三年（1853年）发大水，将村子大部分淹没，仅剩下村西北角高处的几户人家，村民死里逃生，故改名叫"落生村"。

据耿村大故事家靳正新老人回忆：

他们靳氏祖先并不是土生土长的落生村人，是明朝时从山西迁移过来在落生村定居下来开始

靳景祥近照（张罗义摄）
尚存的耿村古民居大门（张罗义摄）
丰收的喜悦

生根发芽的。靳氏祖先来到落生村后，有一年赶上官府在乡间征人，去为朱元璋义父耿再辰守坟。那个年代交通不便，谁家也不愿意背井离乡远走他乡，官府找不到愿意去的人，只好派靳家人去看坟。因为靳氏家族是从外地迁来的，没根没派，没有靠山，明知是官府欺负自己也不敢反抗，只好出一人跟着官府上路了。

有一年，姓靳的守坟人回家探亲，告诉本族人说："耿王坟一带地广人稀，地随便种随便耕，比这边强多了。"实际情况是，耿王墓建在滹沱河故道上，那一带曾经是古战场，所以人烟稀少，土地宽广。

靳氏支脉中，有一家人口兴旺，夫妻俩先后生下了六个儿子，并养育长大成人。这家人听到这个消息却动了心。由于在落生村人多地少，他们家的生活一直过得很紧巴，得知耿王坟那里的地随便种随便耕，就决定带领全家搬迁过去。六个儿子听说后，也高兴得摩拳擦掌。农家人不怕吃苦，只盼有地种有粮吃，攒点钱财，盖房修屋，娶妻生子。于是全家人收拾了农具家当，告别了亲戚邻里和朋友，就由落生村举家搬到看坟庄了。

靳家人一边看守坟墓，一边带领六个儿子垦荒开田，日出而作，日落而息，吃尽了人间苦。常言说"工夫不负有心人"，经过几年的艰苦奋斗，靳家带来的六个儿子也都修房盖屋，成了一个新的靳氏家族。

经过祖祖辈辈的拼搏，靳氏家族不断壮大，由靳姓七人看坟的地方发展成了正式地方村级编制——耿村。由靳氏先人带领六个儿子迁移到这里的靳氏家族，历经几百年奋斗，成为这个村庄中深受尊重的开村始祖和村中的殷实之家。到靳景祥爷爷这辈，他家这一支脉有兄弟五个。

靳景祥十六七岁时，曾和靳氏家族的长辈们到落生村祭祀祖先，那时靳家的祖坟还在。因靳家一部分迁移到了耿村，剩下的没子嗣或遭水灾的靳姓人家慢慢绝了。所以祖宗留下的族田由外姓人耕种，他们回村后的吃喝费用全有那户人家承担。至今落生村仍没有靳姓人家。

靳氏原有家谱，建有祠堂，祠堂位置在村中间，家谱挂在祠堂正面墙上，供后人过年时祭祀。新中国成立前，滹沱河北某村有靳姓人，说自己的祖宗也是耿村人，便拿走了这里的靳氏家谱。从此，靳氏家谱没有下落，后人也没有再续写过家谱。

靳氏家族原为六支，到清末时绝了一支。现有五支分为东门、西门、南门、北门和东南门，靳景祥家族属北门。根据靳姓老人回忆、推算，现在耿村的靳氏家族已传到第十一辈，计八百多人。

二、从"种一葫芦打一瓢"到经商为业

中国自古是农业大国，上至达官贵人，下到平民百姓，视农业为根本，而对商人总要加个"奸"字，称为"奸商"，重农轻商的观念根深蒂固。可这个观念在耿村，正好翻个过。本来这里也是以农为本、重农轻商的，因滹沱河水十年九灾，辛辛苦苦种出的庄稼常被洪涝旱灾毁掉，往往是"种

"一葫芦打一瓢"，汗珠子摔八瓣还要吃糠咽菜。自从官府在村里设了"一、六"大集后，人们的观念也渐渐发生了改变。他们发现经商做买卖不但来钱快，而且年景旱也好涝也罢都有收入，挣点钱有了兵灾官差也好躲藏。这样，靠天吃饭的耿村人对集市的依赖就渐渐胜过对耕田种地的热情。20世纪50年代成立人民公社划分土地时，耿村不少土地拱手相让给邻村，直到现在耿村人均土地和周围村相比，占有土地最少，人均不到一亩。

生活在这个环境中的靳景祥五个爷爷家，全都由原来的耕田种地变为做小买卖为生，拿着种地不当回事。到了父亲靳文校这一辈，靠着多年的积蓄，家里开起了粮食店，后来又开了个木货场，对家里的几亩地也是有一搭无一搭的。据靳景祥回忆，小时候听父亲讲，那年月种一年的谷子，由于缺少管理，到秋后也只落下三布袋谷穗。家里的生活主要靠经商，每次到集日，买上一斗米或一斗面，等到下一集日到来时吃光了再买。日复一日的这种生活，使耿村人养成闲散有致的习惯，忙过集日便聚在一起交流经商之术，闲谈时听到看到的、南来北往客户的趣闻轶事，从而形成喜欢拉闲话讲故事的民风。

人生的价值在于奉献社会。一个人无论从事何种职业，只要掌握了知识和本领，就拥有了报效社会的条件和基础，就会迎来乡邻的尊重。然而，这种尊重却要付出代价，却要历经磨难，却要吃比常人更多的苦。故事家靳景祥就是这样一个人。

（一）乳名"靳小碗"

星转斗移，当靳氏家族在耿村传衍到靳景祥这辈时，香火越来越弱。他的爷爷辈兄弟五个，因为家穷，只有老二和老四娶上媳妇。靳景祥爷爷排行老四，老二家没有儿子，只有一个闺女早早出嫁了。他的爷爷靳老刚结婚后生了两个儿子，即靳景祥大伯、靳英瑞和他的父亲靳文校。谁也意想不到大伯成家后也没有儿子，于是靳氏家族两代人七家子将繁衍香火的重任就寄托在了靳文校肩上。

在靠天吃饭的农耕封建社会，"不孝有三，无后为大"，每户家庭对儿子的渴望比命还重要。为此，靳景祥的奶奶天天烧香磕头，除了在本村耿王墓大仙堂、观音庙、奶奶庙等进香献供许愿,每年还要迈动一双小脚到百里之外的井陉县苍岩山三皇姑庙会上烧香套娃娃。三皇姑庙距耿村两百余里,山高路远,在没有发达交通工具的年代,去一次来回好几天时间。也许是奶奶的真诚感动了上苍,也许是靳氏家族不该绝后,1928年农历十一月二十一日,当一声嘹亮的婴儿哭声从靳文校妻子住的茅草屋中传出,划破寒冬缭绕在庭院时,靳氏家族盼望已久的第九代传人靳景祥,终于落地来到了人家。在靳氏家族五支中,靳文校一支属北门,本门各家就像迎接喜庆节日一样奔走相告。爷爷靳老刚高兴地老泪纵横,连连颤语:"谢天谢地,俺靳家又有儿子了,没有断后哇!"全族人的欢喜激动情景,更别提了。

　　耿村一带有抱着初生小孩撞街的风俗,即将刚生下不久的孩子包裹得严严实实抱出来,在大街上行走,第一个碰见谁,就认谁为义父。撞街这天正好是耿村集日,南朋村有一个叫李改文的一大早来耿村赶集,他刚来到耿村大街上,正好碰上靳文校抱着儿子出来撞街,从此李改文就成了靳景祥的义父。说来碰巧,李改文家有六个儿子,靳景祥父母高兴坏了,说:"咱这孩子命大啊,掉到小子窝里了!"

　　耿村还有一个奇俗,即为了保佑孩子顺利长大成人,谁家死人了,要让孩子从棺材下边过去,意思是"过了关了,从此没有灾难了"。守丧人家不能阻拦,还要提供方便,认为是"吉利事"。靳景祥出生后不久,本村靳小林的母亲去世了,出殡这天,靳景祥奶奶和母亲,一个站在棺材左边,一个站在棺材右边,让小景祥从棺材下边"走"了一遍。事毕,奶奶长长出了口气说:"好了,这下过了关了,咱孩子就能长命百岁了。"

　　虽然过了"关",这时候的靳景祥还没有起名字。乡亲们祝贺靳家添子,争着相看,一边逗孩子玩一边问孩子叫什么?母亲看到棺材旁边有一个盛着小米的碗,上边插着打狗棒,突然灵机一动说,就叫"小碗"吧。叫"小碗"的意思,还有他是晚来的孩子的含义。大家都说这个名字好,起个贱名字容易养活成人。直到现在,村里人见面还都喊他"小碗"。"文化大革命"期间,因为他爱讲故事,批判他传播封建迷信,有人就叫他

"破小碗",他也一笑置之。

到了上学的年龄,靳小碗也像其他同龄孩子一样,被家长送进了学校。报名时,老师问他叫什么名字,他父亲靳文校说:"小碗。"老师听了直笑,说:"这么精灵的孩子,咋叫这么个名字?"停了一会儿又说:"我给起个名字吧。"靳文校连连点头说:"行。"老师思考了一会儿说:"就叫靳景祥吧。景气的景,吉祥的祥,意思是日子过的景景气气、吉吉祥祥。"靳文校听了高兴地直拍巴掌,说:"好!好!"从此,靳小碗的大名就叫"靳景祥"。

(二) 四十亩地一棵苗

常言说,福祸总相伴。靳景祥出生没几年,他的几个爷爷便相继去世,本门近支的两户也没有后人了。因大伯家没儿子,加上伯父、父亲的家产,共九家的土地房产和财富,变成九九归一了。他小小年纪,竟然拥有了40亩地的合法继承权,于是亲友邻里便戏称他是"四十亩地的一棵苗"。

四十亩地一棵苗,在爹娘眼里那真是掌上明珠,含在嘴里怕化了,顶在头顶怕晒着,要星星不给月亮。据靳景祥回忆,小时候一元钱能买一斗小米,三元钱一个鸭梨,他和同龄的孩子们一块玩耍,看见卖梨的,不说贵贱,自己拿了不算,还要给同伴一人一个。不管多少钱,父母二话不说拿钱还上。为了让他健康成长,爹娘想尽了一切办法。当时,农村有一种"小子入了闺女群,平平安安长成人"的说法,因此,在他5岁时,就被送到晋县的姨娘家,姨娘家有4个闺女,靳景祥就像贾宝玉,整天和女孩们混在了一起。3年后,靳景祥长到8岁才被父母接回本村入学读书。由于这种生活的影响,一直到现在,他说话办事还不时流露出女性细腻、柔韧的特点。

俗话常说:"好景不长。"靳景祥上学刚一年多时间,"卢沟桥事变"爆发了,日本鬼子长驱直入,在冀中平原拉开了长达8年的侵华战争。学校关门,他的学业也就此中断了。

娇生惯养的靳景祥,虽然聪明伶俐、眉清目秀,但却自幼淘气,十分贪玩。在战火连天的岁月,长辈们要时刻不离身地轮流看护他,一怕遭兵患不知躲藏,二怕他上树爬墙,磕着碰着。那时候,耿村一带的人讲究

"骄子躲灾"，即过年时要将骄子送到亲友家躲避过节。因年三十、初一是大日子，怕家中请下来的天地诸神、家宅大神冲撞了他。因此，逢年过节，别的孩子在自己家欢乐，靳景祥却要被送到干爹李改文家躲灾，直到大年初一太阳出来时，才能回家与亲人团聚。为此事，父母要百般劝说和抚哄，并答应种种条件才能成行。直到过了10岁，靳景祥才在自己家过年。如今靳景祥回忆自己的经历，总是无限感慨地说："哎呀，爹娘真是盛了我！全村也找不到像我这样的孩子了。"

（三）抗日烽火的洗礼

失学的靳景祥虽然不愁吃喝玩乐，但生活并不平静。他童年时经历了两件惊险的事：一是看见日本鬼子进村搜查八路军；二是他为八路军送信。

第一件事情的来龙去脉是这样：日本鬼子在冀中平原进行大扫荡，共产党领导的革命队伍曾选中了他们家做地下革命堡垒户。靳景祥的父母为人老实厚道，生意场上讲究诚信，在村中颇有人缘和威信。当时，共产党领导的抗日武装有个小分队队长叫马碾子，他认识靳家，了解他们家的人品，房院又宽敞，就选择了他们家做秘密联络点。后来，小分队派来两个人，和他父母一起将家里睡觉的火炕拆掉，把土坯搬走，里面成了空心，专门放文件、弹药等东西；外边用砖砌起来，上边用木板子盖起来，再铺上干草炕席，这样一处理既不返潮，又安全。小分队活动主要在晚上，吃了饭休息一宿，天不明又悄悄走了。

年幼的靳景祥看着出出进进忙忙碌碌的人们，感到既神秘又新奇，尽管父母千方百计哄他睡，他还是通过被窝的缝隙把这一切看得一清二楚，并深深印在脑海里。从此，他心里有了秘密，再也不像过去那样淘气和任性了。

有一天晚上，马碾子队长把小分队三十多人全领到了家里。家里一下来了那么多人，靳景祥兴奋极了，跑里跑外为他们倒水、搬凳子、拿干粮和端菜。吃过饭，小分队的人躺下休息时已是后半夜了。待他娘洗刷收拾干净锅碗瓢勺，天就蒙蒙亮了。这时他娘到厕所去解手，那时厕所墙头矮，只能到腰部，他们家住在村西头，墙外就是护村沟，当他娘解完手无意中往外一看,发现村外路上黑压压过来好多人,再仔细一瞧,妈呀!全是日本兵和皇协军,马上就要到护村沟了。他娘明白这些敌人是冲小分队来的,撒腿就跑,这时大门口站岗的还没发现呢。她赶紧通知了指导员陈贵,陈贵紧急集合队伍并带上他们一家人往东跑了。

因走得太急,小分队人睡过的木板、被子都没有顾上收拾,日本鬼子和皇协军来到家里就发现了。皇协军开始认为是那个女人通风报信的,因她从厕所往外跑时被敌人发现了。日本鬼子和皇协军找不到人就把家里砸的砸抢的抢,将粮食、被褥等值钱东西抢光了。不过,好在炕里的秘密没有被日本人发现,保住了党的文件。

第二件事是他9岁的那年,帮助大舅送信:靳景祥大舅是晋县袁头村人,是个地下党员,以卖锅、碗、瓢、盆等杂货为幌子,秘密从事党的地下工作。有一阵子,日本人对过往行人盘查得特别严,信件送不出去。靳景祥大舅急得没法,就给耿村姐姐家捎信,说姥姥想念孩子,让靳景祥速来一趟。大舅的用意是想让外甥帮忙,因为景祥是个孩子,不会引起日本人的注意;再者这孩子聪明伶俐,胆大心细,机智多谋,不会出差错。

靳景祥按照舅舅的交代,到晋县县城找张老庆茶叶店,买了一包茶叶。然后,张老庆把他领进屋里,让媳妇将他的一只鞋子脱下来,用小刀片将鞋底割开,里边放进信件,再重新缝好。靳景祥只身一人,手拎一包茶叶,大摇大摆地向城外走去。城门口负责搜查的小鬼子和汉奸,见是一个小孩,在他身上上上下下搜索一遍,一无所获,然后冲着他喊叫几声:"快滚!快滚开!"靳景祥大大方方出了城,出色完成了任务。

如今年过80岁的靳景祥谈起这件事,仍然激动不已。这是他人生中经历的第一件大事,也是他认识社会、国家、民族的第一堂课。自幼娇生惯养的靳景祥,自此变得勤快、懂事,俨然在一夜之间换了个人似的。父母看在眼里,喜在心里,为了让他长大成才,决定让他离开家,到外地去学手艺。

(四) 坎坷的学徒生涯

父母为靳景祥选的第一个职业是学修钟表。

在他11岁那年，父亲靳文校背着行李，把靳景祥送到距家15里的晋县城内一个钟表铺，拜一个姓蒋的师傅学修钟表。父母之所以为他选择这样的职业，是因为他天性聪明伶俐，同样一件事，别人的孩子教几遍也学不会，给他说一遍他就能掌握，当然父母也不愿孩子干农活经商吃苦。

那个年代学徒工非常清苦，住的房子像厕所一样矮，吃的是残渣剩饭；讲究"一日为师，终身为父"，每天天不亮就起床，洗漱完毕开始打扫卫生，接着给师傅、师母端尿盆、打洗脸水；然后，开始烧火做饭，等师傅、大师哥吃完，才轮到自己吃。来了客人更需小心伺候，站在门口不能动，眼盯着客人吃一碗盛一碗，客人啥时把筷子往碗口上一搭，表示吃饱了，赶紧收拾。而修表的技术两年之内不让知道，刚开始只让洗刷零件，用汽油泡着用小刷子一点一点清洗，或干一些跑跑颠颠的粗活。

打小自由惯了的靳景祥，虽有刚开始当学徒工的新奇和新鲜，但终究受不得学徒生活的清苦、约束和寂寞，何况他才是个11岁的孩子呢！时间不长，他就编了个瞎话，说："师傅，俺被褥有点薄，想送回家换换。"师傅也理解初学徒者的心理，就准许了，却没想到他把铺盖卷巴了卷巴，一去再不回来了。

（五）学说西河大鼓

靳景祥不愿学修钟表，父母也没逼他再去，反正家里不缺少吃穿，但十几岁的男孩子也总不能无所事事，于是就让他学算盘学经商。然而，这些活动并不能拴住他的心，他14岁时提出跟着大伯靳英瑞学说书。

大伯说的是西河大鼓，远近闻名，《呼家将》、《岳飞传》、《封神演义》等大部头从他嘴里说出来就像长河流水，吸引着人们一听就是十天半月。靳景祥自小爱听大伯说西河大鼓，听起来常常忘了吃饭和睡觉。他不去学修钟表了，闲了没事就去听大伯说西河大鼓。那些长篇大书，涉及的人物众多，情节变幻莫测，别人听十遍八遍也记不住，他只听一遍就记个八九不离十，听三遍就能照着说。

大伯见他是块料，格外高兴，恨不得把一生的绝技都传给自己的亲侄子，教的极其尽心卖力。只一年多时间，靳景祥就掌握了大伯的说书艺术并能出场演出了。他当时并没想到,这段学习西河大鼓的经历,在他身上增长的不仅是人生的本领,也熏陶和培养了他为人正直善良、嫉恶如仇、敢当敢为的品德。同时,也为他踏进民间口头艺术的殿堂打开了大门。

在封建社会,男孩长到15岁就到了行冠礼之年了。当地所谓"行冠礼",即在15岁那年的清明节,到祖坟或祖帐前焚香磕头,由家长或族长历数先辈的功德和族规祖训,然后宣布"你长大了",从今天起要担负起对家庭对社会的责任等等。当然,这种宣布也表示从这个岁数起,男可谈婚,女可论嫁了。

对靳氏家族来说,盼到这个日子,也就盼到了添人进口的喜庆了。盼孙心切的九门独子的靳氏家族的长辈们,当靳景祥刚刚迈入15岁的时候就忙着为其张罗娶妻的大事。在旧社会,男人娶妻全凭父母之命、媒妁之言。这样,年仅15岁的靳景祥便与晋县李家庄的李银果结为夫妻。成为丈夫的靳景祥,虽然有了新婚的甜蜜与恩爱,在家里的日子多了,忙活家事农田的时间多了,但他仍没忘记跟着大伯说西河大鼓的快活和欢乐,时常情不由己地唱上一段西河大鼓过过瘾。

(六) 两次学艺木板书

靳景祥结婚成家后,有了家庭的束缚,不能随大伯外出说书了,失去了说书的快乐,他闲下来常常独自发呆。大伯理解侄子的心,就说:"小碗,你别在家呆着了,我给你引荐个师傅,去学快书(木板书)吧,反正比在家里强。"在那个年代,学艺讲究门户,必须拜师。大伯虽是著名西河大鼓艺人,但他是家长,如果教侄子学艺只能算是家传。所以,大伯便给他引见藁城县南马村樊春秀,正式拜师学艺。

樊春秀说木板书,远近闻名,而且也是位见过世面的人,常年在华北重镇石家庄摆场立摊。靳景祥至今清楚地记得和师傅樊春秀在石家庄西花园说木板书的情景。一次遇到侯宝林来石家庄说相声,侯先生看了靳景祥的演出,找到他说:"你跟我走吧,到北京见大世面去。"

师傅樊春秀在一旁忙说:"你知道这孩子的家长是谁?"

"谁呀?"

"靳英瑞。"

"英家？大水冲了龙王庙，不认自家人了。"

靳英瑞第一个师傅王殿邦曾教过清宫总管太监李莲英说书，后经王殿邦介绍跟山东卢英贵学艺。卢英贵手下一百多个徒弟，数靳英瑞说得好，尤其在圈内名气很大，所以侯宝林才认靳景祥是自家人。

在石家庄西花园，靳景祥还见过单田芳，听过他说的评书《三侠剑》，看过梅兰芳的《霸王别姬》。通过观摩名家的演出，靳景祥眼界大开，认识到艺无止境，学起来更加卖力，进步很快。不到半年时间，他就能登台说《康熙私访》。正当他如鱼得水准备在说书艺途继续攀登时，不料天有不测风云，家中父亲生了重病，没人干活，连吃水都没人去挑，靳景祥这棵独苗只好忍疼割爱，离开心爱的舞台，辞别师傅回家种田、照顾家庭。

（七）改行学厨师

靳景祥在家干了两年，父亲的身体才慢慢恢复过来，家境也逐渐好转。这时，本村有个小有名气的厨师叫郝兰虎，非常喜欢靳景祥的聪明伶俐，他觉得靳景祥在家抡锄耙子简直是大材小用，压抑了他的灵气，就劝道："小子哎，你别光想学说书了。常言道'三年不下雨，饿不死灶上人'，跟俺学做饭吧。"

靳景祥考虑再三，觉得这活儿挺实惠。在生产力低下的旧社会，农民靠天吃饭，一年四季常常吃了上顿没下顿，有饭吃有衣穿被视为人生最高追求，所以才有"千里做官为吃穿"的俗话。于是就跟着郝兰虎到束鹿县（今辛集市）去学做饭。谁知干了不到半年，一次店主因看不惯日本人在中国耀武扬威的样子，和日本翻译官吵了一架，结果饭店被日本人给砸了，靳景祥也没活干了。没法子，他又通过熟人介绍，来到晋县西关饭店。由于他人聪明又勤快，脾气随和、善交往，不久就成了远近闻名的厨师。

劳动人民的伟大创造
民间文艺的丰富宝藏

访晋州耿车村有感

周巍峙 题

第四章　厄运与辉煌

一、因遗产被划为"富农"

靳景祥爷爷辈兄弟五个，因为家里穷，只有靳景祥爷爷（老二）和大伯靳英瑞爷爷（老四）娶上了媳妇。

老四家没有儿子，靳景祥便继承了九家子40亩地的遗产，耿村人称他是"秫秸秆子财主"，就是靠打引魂幡得来的财产。

靳景祥奶奶在日本人侵入华北平原之前去世了。当时，他父亲靳文校和大伯靳英瑞怕家产落入日伪之手，便趁机大操大办：停灵吊孝3天，请和尚尼姑念经，向全村人舍饭，将奶奶的葬礼搞得风风光光，阔阔气气。

这一折腾，去掉了15亩地，家业开始衰败。父亲不识字，大伯也是斗大的字不识半升，平时都爱耍钱，日本人打进来时，家中的水车、大车也折腾光了，只剩下了20多亩地。兄弟两个一分家，日子更紧巴。后来，多亏父亲开了一个木场、一个麻硂铺，日子才又缓和上来。

靳景祥与同行一起交流故事（肖政摄）
故事家靳景祥在给学生讲故事（樊更喜摄）
靳景祥在校园内给孩子们讲故事（张罗义摄）

在中国共产党的领导下，全国人民经过8年的浴血抗战，日本侵略者被赶回了老家。1947年11月，轰轰烈烈的土地改革运动在耿村开展时，靳景祥被召回了故乡。他家土地不少，宅基地又多，还有买卖，就被划成了富农成分。靳景祥继承了那么多土地，也为他后半生种下了祸根。当时倒无所谓，自家的房子住不完，地种不过来，均给乡亲邻里，也能接受。他还照常去晋县城里当厨子做饭，挣钱养家糊口。

1956年公私合营时，父母年迈，体弱多病，靳景祥又回到耿村。靳家虽被定为富农，但乡亲们并没有另眼相看他家。村里成立农业社，他被推选为记工员，别看他识字不多，对算账十分精通，加、减、乘、除无一不会，不用算盘，张口就能说清。1958年"大跃进"时，村里成立了大食堂，他又当选为管理员。

这期间，耿村在村里旧戏班的基础上成立了京剧团。他有一副好嗓子，又有登台说书的经验，京剧团选人肯定少不了他。靳景祥在剧团里唱须生，在《空城计》中，他演活了诸葛亮，受到众人称赞。参加全县大汇演，他的演技名列前茅，得奖而归，为耿村人争了光。

1963年，靳景祥已有了7个孩子。靳家在他这辈实现了人丁兴旺的梦想。但席卷神州的三年自然灾害让多少中国人饿弯了腰，有多少人被活活饿死，七张嘴使原本就消瘦的靳景祥更加骨瘦如柴。为了一家人能活下来，靳景祥又重操旧业，到藁城县第二建公司做饭。他口省肚减，把节省的口粮和捡到的剩饭烂菜带回家，这样一家人才度过了灾荒。

提起这段时光，靳景祥和老伴都感慨万千，说道："那日子哟，简直不是人过得，一个烂菜帮子都是香的。"老伴至今不爱吃菜，就是因为那时吃野菜太多，吃怕了。

二、"文化大革命"中被揪回村

1966年，"文化大革命"开始了。在"横扫一切牛鬼蛇神"的风暴中，靳景祥受到冲击，被红卫兵揪回了耿村。富农成分和爱讲故事的嗜好成了罪过，他被戴上"四类"分子的帽子，游街示众，挂牌批斗。

早在1947年"土地平分"时，家里的好地被分掉了，只剩下村南几亩沙地；1963年"四清"时，继承的房屋及家里东西全被没收，就剩下了三间东房，父母住一间，他们一家六口人住两间，一家人靠吃草籽、野菜度过了一段不堪回首的岁月。这些苦难都没有压倒靳景祥，而"文化大革命"却给他及家人留下了终生难以抹平的伤痕。

那时他实在想不通，九家留下的土地和宅基，怎能说是剥削来的呢？父亲买卖历来公平，对人忠厚老实，怎能说是横行霸道、欺压贫下中农呢？更想不通的是，说他不忠于共产党，到处讲黄色故事，散布流毒。抗日战争时期，他娘冒着生命危险，救过八路军一个中队，他还为地下党组织送信，一家人没怕掉脑袋呀！

最令他痛苦的是低人一等，一言一行被人监督管制。过去，全村人爱戴和喜欢的他，一夜之间成了"臭狗屎"，成了"阶级敌人"。什么脏活重活，都有他的份儿：打坯、下窑、背砖、扫街、打扫牛棚……大年初一，人们都在欢欢喜喜庆祝春节，他们"四类"分子都拿着大扫帚，轮番在街上低头扫地。冬天，他走出家门，为保暖在腰里系根麻绳，人们看到后偷偷地说："看，这回真成破小碗儿了。"

这期间，村里吊了一面大鼓，无论何时，只要大鼓"咚咚"一响，所有"四类"分子必须在5分钟内赶到，否则就挨批斗。一次，靳景祥正在地里干活，忽然听到"砰砰"几声响，吓得他撒腿就跑到大队，这里已经来了好几个人，一个个低着头站成一排，等待训话。等了好半天，不见有人来，心想："不对劲呀？"又过了一会儿，来了一个红卫兵头头，问："谁叫你们来的？"原来，有一户人家在房顶晒粮食时，敲了几下笸箩。"四类"分子们那时被吓惊了，精神高度紧张，天天度日如年，随时等待着挨批斗、上街游行。

回忆起那段岁月，靳景祥老人说："最不能忍受的是不让我讲故事，连张嘴出气的权利都没有了。"

有一次，他和戴"历史反革命"帽子的王玉田等人在砖窑上干活，休息时，王玉田偷偷讲了个《苏小妹三难新郎》的故事，靳景祥讲了《新郎新娘入洞房的来历》。不知怎么就被红卫兵知道了，这下可闯了大祸，当天晚上红卫兵召开批斗会，叫他们逐一交代罪行。靳景祥想搪塞过关，红卫兵拍桌子瞪眼破口大骂："胡说八道！讲黄色故事，最突出的就是你靳小碗！到处散布流毒！像你这种人，可杀不可留，是人民的败类！"

在那黑白颠倒的岁月，他越辩白，罪过越重，得到的只有加倍的惩罚和折磨。头脑中那些"善有善报、恶有恶报"的故事给了他信念，人生的许多哲理往往是在痛苦和折磨中升华出来的。

三、从讲故事到杰出传承人

1976年，党中央一举粉碎了"四人帮"，扭转乾坤。1977年，靳景祥也结束了噩梦般的日子，他得到平反，又被请到藁城县廉州饭店去当掌勺师傅。得心应手的岗位，使他渐渐恢复了往日的欢乐和讲故事的嗜好。

1987年5月，年近60岁的靳景祥告老还乡，过起了轻操农活、照料孙子孙女的生活。村里谁家娶媳妇，聘闺女，发送死人，他都出面操办。他的一张俐口，一手灶上技术和他的故事，再加上他的一副热心肠，使他颇受邻里尊重。他也没有忘记"文化大革命"中乡亲们对他的保护，让他免受了不少皮肉之苦。

20世纪80年代，全国开展了民间文学三套集成大普查活动。1987年5月，石家庄地区文联组织普查队进入耿村采集故事，乡亲们就举荐有"故事篓子"之称的靳景祥。那时，他见了普查队员，尽量躲着走。普查队员找上门，他推说都忘记了，不会讲，唯恐一张口就带来厄运。他二儿子靳夫计家生孩子，普查队员王建国按当地风俗登门庆贺，并送去一份

靳景祥手捧传承人奖杯与美国朋友合影
（樊更喜摄）
《花灯疑案》讲述者靳景祥与整理者杨荣国
（杨越峦摄）

礼物，靳景祥全家人都很感动。普查队员们趁机对他宣传党的政策及搜集整理民间文学的目的和意义，经过做工作，他终于打开了话匣子。因为他很渴望有机会把自己积攒多年的口头文学向世人倾诉，所以思想工作一做通，奇奇巧巧的古今故事犹如喷涌的旺泉，令闻者惊喜，令听者痴醉。靳景祥成为耿村故事讲述家中的一员主将。

普查队发现这位故事家肚里有讲不完的故事，就把他当做了普查重点，组织采录小组开始有计划地对他进行全面的了解和采录。已近古稀之年的靳景祥，万万没想到一个人的嗜好会铸成辉煌。

自1987年5月开始采录至2004年5月结束，先后11次集中采录靳景祥的故事，共采录400多篇，另外还有歌谣、谜语、歇后语、谚语等800多条（首），共计80多万字。

这80多万字的资料，对于一个笔耕作者已实属不易，对一个口头文学传承者更属罕见了。各报刊、电台、电视台记者闻讯而到，靳景祥的事迹和讲述作品先后载于《人民日报》、《河北日报》、《石家庄日报》、《建设日报》以及《太行文学》、《民间故事选刊》、《民间文学》、《农民报》等19家报刊。

1989年，他讲述的故事专辑《花灯疑案》由中国民间文艺出版社出版。不久，此书荣获第三届河北省文艺振兴奖。

1990年，他被藁城市委、市政府授予"优秀乡土人才"称号。

1987年7月，他还应邀出席由中国民间文艺家协会在承德市举办的"中国故事会首届年会"。会上，他讲述的故事《藁城宫面的来历》博得了热烈的掌声，折服了来自全国各地的50余位专家学者。讲完后，他觉得自己不如平时讲得活泼自然，决心再讲一个来弥补。第二个故事讲完，他不等主持人说话，主动站起来说："谁还讲？他们不讲我可讲啊！"仅这句话，人们又为他热烈鼓掌。这天上午，他讲了三次，还觉得不过瘾，可惜已到了开饭时间。俗话说"花香蜂争临"，靳景祥一下成了会上的红人，专家学者们白天争着和他聊天，晚上一班班争着上门座谈，连吃饭也抢着和他坐一张桌。靳景祥再次为家乡人争得了荣誉，他不明白，"这，这，高粱花子讲故事，还有这么多大学者稀罕哩。"

1988年4月，他应邀参加河北省三套集成办公室和石家庄地区文联主办的"耿村故事家群研讨会"。靳景祥在会上讲述了《耿村为什么没有姓耿的》等故事，被全国著名民间文艺专家贾芝、张文、林相秦等称为"河北重大发现"，"难得的大故事家"。

1988年1月，靳景祥加入河北省民间文艺家协会，同年被河北省民间文学三套集成办公室和河北省民间文艺家协会联合授予"河北省民间故事讲述家"称号。

1991年9月，又被中国民间文艺家协会破例发展为会员。由此，他成了全省、全国著名民间故事家，多次出席各级学术会议进行演讲。

1991年5月，"中国耿村故事家群及作品和民俗活动国际学术讨论会"在藁城召开，靳景祥在会上讲述了《嫦娥和后羿》的故事，获得了热烈掌声。

2000年年底，石家庄电视台邀请靳景祥与耿村其他故事家一起来到演播室，讲述过年的故事。

2003年6月，中央电视台十频道播放的耿村故事片专题中，有对他的采访和讲故事的镜头。

2004年7月，靳景祥在耿村暑期爱国题材故事会上讲《张道琴的故事》、《靳大雪的故事》。张道琴和靳大雪都是耿村人，张道琴是当地有名的抗日英雄，靳大雪是抗日烈士，学生们不仅听到了当地的英雄事迹，还受到了很好的爱国主义教育。

2004年8月，在河北省七夕爱情节耿村婚爱故事专题会上，他讲了《三媒六证的来历》。

2005年5月23日，河北省、石家庄市领导莅临耿村，为耿村55位故事家颁发了故事家证书和牌匾，靳景祥即兴讲述了新故事《不要跑了》，讲的主要内容是：乡干部亲自将种粮补贴款送到农民手中的故事，歌颂了中央一号文件和党的新农业政策。省、市领导直夸他脑瓜转得快，不愧为耿村大故事家。

靳景祥不仅给国人讲故，还给外国朋友讲。1997年至2000年间，美国故事协会、美国国际人民交流协会、美国女娲故事讲述团等团体曾三次组织180人到耿村进行民间文化交流活动。他是耿村故事家中主要讲述者之一。1998年10月,美国故事协会主席史密斯带队到耿村参观,听了他的故事后紧紧抓住他的手说:"你了不起,我一定邀请你和其他故事家到美国去讲故事。"

2007年6月,靳景祥被命名为"中国民间文化杰出传承人"。

靳景祥和他的故事从黄土地张开了飞向世界的翅膀……

附:

表1 靳景祥出席大型会议讲述故事情况一览表

时间	内容	主办单位	地点
1987年7月	中国故事学会首届年会	中国民间文艺家协会	承德市
1988年4月	耿村故事家群研讨会	河北省民间文艺家协会 石家庄市文联	石家庄市
1991年5月	中国耿村故事家群及作品和民俗活动国际学术研讨会	河北省文联 藁城市人民政府等	石家庄市
1997年11月	美国民间大使国际交流讲故事协会一行67人耿村行	中国国际旅行社	耿村
1999年10月	美国国际人民交流协会代表团一行24人耿村行	中国国际旅行社	耿村
2000年12月	过年故事专题会	石家庄电视台	石家庄市
2002年10月	美国女娲故事代表团一行34人耿村行	中国国际旅行社	耿村
2003年6月	耿村故事专题片	中央电视台	耿村
2003年8月	河北省七夕爱情节耿村婚爱故事专题会	河北省民俗文化协会	耿村
2004年7月	耿村暑期爱国教育故事会	石家庄市文联 河北省民俗文化协会	耿村
2004年7月	中学生故事会	石家庄市十二中学	石家庄市

表2　靳景祥讲述的故事发表及获奖情况一览表

时　间	作品名称	发表、获奖情况
1988 年	《嫦娥与后羿》	《河北日报》1988 年 4 月 17 日
1988 年	《杨六郎大战白石精》	《河北日报》1988 年 4 月 17 日
1989 年	《花灯疑案》	中国民间文艺出版社 1989 年 6 月出版,荣获河北省第三届河北省文艺振兴奖
1993 年	《扫帚破案》	《民间文学》1993 年第 1 期
1993 年	《一帽泉水解冤仇》	《民间文学》1993 年第 2 期
1994 年	《买妻换妻》	《民间文学》1994 年第 4 期
1995 年	《贤惠媳妇》《贪财丢妻》	《民间文学》1995 年第 4 期
1995 年	《含羞草》	《故事家》1995 年第 8 期
1999 年	《王八姻缘》	《民间故事》1999 年第 2 期
1999 年	《女娲与伏羲》等 133 篇	收入《耿村民间文化大观》,北京图书馆出版社 1999 年 8 月出版
2006 年	《曹操吃豆腐脑》等 50 篇	收入《耿村一千零一夜》,花山文艺出版社 2006 年 2 月

表3　靳景祥事迹被报道情况一览表

时　间	内　容	报刊名称
1989 年 10 月 14 日	《民间文学的奇葩》	《建设日报》
1989 年 11 月 25 日	《靳景祥与杨荣国》	《建设日报》
2005 年 5 月 29 日	《绘声绘色描世情》	《人民日报·海外版》
2006 年 5 月 22 日	《讲不尽的耿村故事》	《石家庄日报》
2006 年 8 月 4 日	《讲述民间传奇》	《河北日报》
2007 年 1 月 3 日	《说说故事里的事》	《燕赵晚报》
2007 年 2 月 15 日	《耿村故事》	《燕赵晚报》
2007 年 6 月 5 日	《故事家靳景祥》	《石家庄日报》
2007 年 6 月 9 日	《耿村故事永不失传》	《燕赵晚报》

愿耿村民间艺术之花常开常为国增光

贾芝 龙年春

中国民间文艺家协会名誉主席贾芝题词

第五章　靳景祥的故事传承谱系

研究故事家的流源和传承关系，既是探索故事发生发展史，也是解析不同时代的政治对故事的影响和故事讲述家对故事再创作的心路历程。由此形成的谱系，不仅使人们从中看到故事的思想和史学价值，也反映了故事在历史上的流传地域和在民众中的影响。

通过多次交谈和对靳景祥周围人的了解，笔者认为靳景祥的故事基本上以家族、社会传承为主，兼有其他来源。他学说过西河大鼓、木板书，有明确的师徒关系，这些无疑为他成为故事家起着重要的作用。但听故事、讲述故事则完全是一位民间艺术家的文化自觉。梳理靳景祥所讲述的故事传承流脉，主要有以下几个方面。

一、儿时听父母讲的故事

靳景祥于1928年农历十一月二十一日出生，乳名"小碗"。他是靳家几代人盼星星盼月亮盼来的宝贝儿子，在家人的百般呵护下，儿时的小碗度过了难忘、甜蜜的愉快时光。

据靳景祥回忆，他自小对故事就有一种天性的喜欢。母亲善讲动植物故事、呆傻故事和小笑话之类，每天晚上在他入睡之前，母亲为了哄他早点入睡，常常讲一段小故事，故事伴他进入甜蜜梦乡。父亲抱着他玩耍时，也常讲一些趣事笑话逗他欢乐。待他稍大一点，大人们就给他讲些有情节的故事，他印象最深的有《朱洪武的故事》、《石阁老的传说》、《八仙过海》等。每当他闹情绪时，家人也用讲故事来安抚他。

那个年代没什么玩具，听大人讲故事是最大的乐趣和享受。这些故事不仅给他带来欢乐，也在他幼小心灵中种下了真善美的标准和对美好生活的向往。

二、从姨娘家听来的故事

靳景祥在晋县有个姨娘叫吴凤兰，他小时候经常住姨娘家。吴凤兰爱说爱笑爱热闹，更爱讲故事，家里开着牌局，每天晚上，左邻右舍都到她家

师徒游戏（樊更喜摄）
靳景祥全家照
靳景祥在河北电视台讲故事（樊更喜摄）

听故事、讲故事，里屋人打牌，外屋讲故事。常讲的故事有《鬼狐精怪》、《幻想故事及傻闺女》、《傻小子》、《巧媳妇》、《笨丈夫》、《巧木匠》等。靳景祥讲的《狐仙故事》、《西游记外传》就是那时候听来的。

靳景祥当时听故事听得如醉如痴，他回忆那时的情景说："在被窝露着个小脑瓜，听着听着憋不住尿了，光着屁股嘎嘎跑出去解手，回来一听连不上弦了，就嚷'补上来，补上来'。"姨娘家闺女多，几个闺女比着说谜语猜谜语，他是个小子，插不上嘴，只好在旁边听，跟着起哄。

听得多了，那些谜语也都成了自己的了。听故事用脑子记，猜谜语得靠脑子转得快。这种经历不仅锻炼了靳景祥博闻强记的能力，也开发出他灵活善思的性格。

三、听大伯靳英瑞讲的故事

民国六年（1917年），耿村一带闹了一场洪灾，家里地里的东西全被冲走了。为了生存，靳景祥的大伯靳英瑞开始流落他乡学说西河大鼓。他拜当时著名的山东西河大鼓艺人卢英贵为师，成为西河大鼓名徒。卢英贵的师傅王殿邦曾教过清宫总管太监李莲英说书，靳英瑞的名声也因此而远近闻名。

靳英瑞本是个不识字的人，但他口才好、记性强，全凭师傅口授。几年后，他开始独闯书场，善说《呼家将》、《秦琼打擂》、《瓦岗寨》、《杨家将》。靳英瑞说书，无论走到哪儿，小鼓一敲，说一场红一场，在晋县、束鹿、无极、赵县、藁城及石家庄极负盛名。耿村50岁以上的人一提到靳英瑞无不拍手称赞，在方圆百里内的书场上，靳英瑞叱咤风云数十载，成为村人的骄傲。

靳景祥14岁那年，开始跟大伯学说书。他大伯善讲历史人物传说和各种故事，因中间人物众多，情节复杂，于是一部书常常要说几个月或半年。靳景祥的记忆好，听三遍就能记住了，很快也能说上一段。如《杨六郎大战白石精》、《娶媳妇打人头幡》、《四妯娌对诗》等，都是从大伯那里听来的。

在学艺生涯中，靳景祥的讲述表达能力既受到较规范的训练，又受到民间口头艺术魅力的熏陶和锻炼。比如，他本来讲一口地方土语，由此变成字正腔圆的普通话；过去在生人多的地方讲话常羞涩脸红，由此可做到表情自如不怯生等。可惜因父病弃艺务农，否则很可能他也是一位名流青史的著名西河大鼓艺人。虽然那段经历已过去六十余年，现今讲故事中仍能看到他那段训练成果的影子。

四、在饭店听食客讲的故事

靳景祥离开书场后，回家侍父种田，两年之后家境好转。这时，耿村有个名叫郝兰虎的厨子，见他聪明好学又有灵性，就找来说："小子哎，你别去学说书了，跟俺学做饭吧。常言道：'三年不下雨，饿不死灶上人。'"靳景祥觉得这活挺实惠，就跟家里人商量。那时兵荒马乱，生计艰难，父母就同意他跟着郝兰虎到束鹿县（今辛集市）去学做饭了。从此，他走上了厨师的道路，并且学有所成。

靳景祥一生先后在束鹿、晋县、藁城等地当厨师大概27年。他爱听故事又爱讲故事，饭店就成了他听讲的场所。只要有机会，他就听食客们海侃，东南西北的轶闻趣事和故事，听得兴奋的他也把自己肚子里的故事讲一个，这样生意红火气氛好，还招来许多回头客。他回顾这段经历时说："我故事多的原因，主要是在外边接触人多，三教九流，五行八作，谁也离不开吃饭呀！我这人好听个闲事，人家一讲我就凑过去，凑个热闹。"

在藁城廉州饭店当厨师时，一次有几位客人边吃边讲《鸡的来历》，靳景祥就凑过去听。听完了，他便给人家讲《蛤蟆的来历》。客人们兴奋了，又讲了七仙女的传说《董仲寻母》……就这样，仅吃一顿饭的工夫，靳景祥就得到好几个故事。

靳景祥大伯、大娘家在耿村街上开了个小吃店，他经常去帮忙。由于他脾气随和，说话幽默，客人们都喜欢与他交谈并讲故事，如《新郎新娘入洞房的来历》、《看得准》等都是从那个小店里听客人讲的。在27年的厨师生涯中，靳景祥从南来北往的客人口中究竟搜集到多少故事，连他自己也说不清。但在他现在能讲述出来的故事中，确有相当数量与厨师有关。

常言道"机会只留给有准备的人"。对厨师靳景祥来说，当厨师犹如张开搜集民间故事的网，让四面八方流传的故事在他身上沉积和珍藏。

五、从本村听来的故事

耿村特殊的生存环境和历史，形成自古以来就有讲故事的传统，是远近闻名的"瞎话村"。在外村人眼中，耿村人是"不务正业"、"整天瞎讲达"、"郎当村"，但耿村人却以此为荣，他们在这种活动中找到了自我价值，感到扬眉吐气和快乐。正是这种独特的民间文化造就了名扬国内外的"故事村"。

靳景祥出生在这块土壤，成长于这块大地，自幼耳濡目染，在"故事窝"里成长，加之他本人对故事有一种天生的热爱，所以他成了耿村许多故事家的传承人。

据靳景祥回忆，他讲述的许多故事是从本村故事家靳老班、靳言根、靳青海、靳双来、徐风辉、须根山、靳正新、王玉田等口中听来的。但这些故事再从他嘴里讲出来时，有加工，有增删，已变成带有靳景祥风格的故事了。所以，同样内容的一个故事，表述情节却不同，从而形成"异文现象"。这既是故事家智慧的结果，也是故事在流传中被再创作的结果。

六、把戏文改为故事

耿村是一个庙会和集市发达的地方。在庙会和集市上，唱戏说书既是凝聚人气的必要，也是活跃气氛和生活的措施。因此，喜欢看戏听说书是耿村人的一大古风。看过戏听过说书，议论戏和书中的故事和人物就成了人们茶余饭后的谈话内容，而对故事家来说，将戏文和说书的内容改编成故事传播是较普遍的现象。

在耿村诸多故事家中，靳景祥是善于将戏文和说书段子加工成故事的

故事《藁城官面的来历》:"官面是藁城的一种空心挂面……"

(肖政摄)

高手之一。《梁山伯与祝英台》、《兰瑞莲与魏奎彦》是他的代表作。他不仅善于改编历史题材的故事，也能结合时事创作故事。如2004年中央一号文件下达后，他从电视里看到了这则消息，认为这是一个好的故事题材，便结合农村生活创作了一个新故事——《你别跑了》。一个故事家能达到这个水平，不仅需要对故事组成的要素精通，而且要懂得对生活素材的提炼和升华。

综观靳景祥的故事传承源脉，笔者归纳了以上六个方面。其实，对故事家来说，任何生活经历都可能是他获得故事的渠道，都会对他传承和讲述故事产生影响。仅就上述六个方面而言，靳景祥的上承对象达六十余人。俗话说："粒米堆成山，滴水汇成河。"丰富、坎坷的生活经历造就了靳景祥的聪颖和机敏，肥沃、活跃的民间文化的熏陶使靳景祥走进民间文化的殿堂，刻苦和执著使他成为集大成于一身的民间故事杰出传承人。

据靳景祥回忆，他曾经听过的故事有上千个，随着年龄的增长，忘掉了一些，现今能回忆并能讲出来的还有480篇，其中能熟练讲述的作品只有262个。故事家出现这种现象，既与时代、年龄有关，也与心情和审美趣味变化有关。不太喜欢的，听了恐怕很快就忘掉了，不用在脑子里占地方。村里其他故事家讲得很精彩的，他也就不用心去记了，因为那是人家的故事，自己再讲就是吃人家的饭。耿村故事家们很重视这个观念，似乎是不成文的潜规则，在耿村听故事很难听到两个人或几个人讲一个故事，往往是一说故事的名字，众人就知道这个故事是谁的，有点版权所有的意思。从这个意义说，靳景祥所讲的480个故事都是"干货"，是他自己所独有的。

靳景祥曾说："一个爱好故事的人，一辈子都在听故事找故事。"事实也正是这样，他对故事的传承一直未断，真是活到老听到老。1999年，已是71岁高龄的靳景祥到晋县串亲戚，听连襟讲了一个来自南方的《玉峰山的传说》故事，他就对其中的细节追问不休；朋学村朋友家的孩子结婚，请他当厨师，酒桌上听了一个新民间故事《管庄的朋友不可交》，下了酒桌他还找人家问这问那。

靳景祥的知名度越来越高了，走到哪里都有人让他讲故事，自然也会引出别人的故事来。讲故事是故事家的文化方式和生活方式，对靳景祥来说，是他充实自我、提高自我的途径，也是一种实现自身价值和社会价值的途径。

第六章　靳景祥讲述故事的风格及特征

故事人人都能讲，但要讲得让人爱听、着迷，却不是人人都能做得到。这其中既有对故事主题的深刻解析，也有讲述者风格和艺术性的问题。艺术靠探究，风格靠积累，其特点因人而异。

听靳景祥讲故事，犹如享受美味佳肴，听在耳里，心荡神怡，过后还回味无穷。究其因，主要有如下几个方面的理由。

一、带有评书味

靳景祥是很有风格的民间故事讲述家，他声音洪亮，口齿清楚，吐字清晰，让人听起来很入耳。用他的话说，若"咬字不真，就好像钝剑伤人"。所以，他讲述时追求的是力求："把每个字送到人们的耳朵里，让他们听准听真。"

中国有句古话，叫"十里不同风，百里不同俗"。故事家本是土生土长之人，由于说话本地语音和方言土语太重，除了本地人能听懂之外，外来人几乎听不懂，这一矛盾在耿村尤为突出。在改革开放中，随着耿村故事村的知名度越来越高，

靳景祥给朋友讲故事（张罗义摄）
靳景祥给亲戚讲故事
靳景祥讲故事场面
靳景祥在田间讲故事

国内的国外的喜欢听故事的人经常来耿村采访，当客人大老远高高兴兴地来了，故事家们也眉飞色舞讲得很来劲，结果客人听了半天没弄明白故事家讲的是啥内容、啥意思，大家都很失望。这时候，只有推荐靳景祥来讲，他因青少年时代说过书，有登台唱戏的经验和多年在外做厨师的经历，又会说普通话，就避免了让外人听不懂的现象。

靳景祥讲故事吐字清楚，抑扬顿挫分明，五官手势跟着故事内容走，并夹杂着许多评书套语和一些书面语。比如，他讲述《杨六郎大战白石精》时其中这样表述：

杨六郎领了圣旨，带领众兵将浩浩荡荡往三关走，半路上有座高山挡住了去路。在山峰口，跃马挺枪过来一员大将，穿白挂素手握一杆银枪，冲着杨家人马大声问：

"来的是什么人？"

"杨家将！"

"哪里去？"

"镇守三关。"

"去请杨元帅上来说话。"

先行官忙禀报六郎,六郎立时就来了。见这员大将膀宽腰圆,虎背熊腰,像是一员好将。心想,这儿离北国还远,也没听说过这里有什么贼寇,什么人这么大胆?

"来将报上名来,本帅枪下不死无名之鬼!"

"我是白石大王。"

"平白无故拦我大队人马,为了何事?"

"把你的元帅印交出来让俺们执掌几天。交出来万事皆休,要是敢说半个不字,把你剁成烂泥!"

"胡说!本帅的大印哪能交给你?"

……

本故事中,将评书套语、书面语用得恰到好处,如行云流水。人物的形象没有过细的刻画,但已在我们的想象之中,文中的"杨六郎说"、"白石精说"全省略掉了,却不会使人思维乱套。而他讲述时,有声音有表情,一会儿扮演元帅口气,一会儿又变成妖怪声音,视听效果远远高于书面阅读的效果。

靳景祥只读过小学一年,略识文字,文化水平注定了他的语言基础仍以冀中方言土语为主,"干嘛"(干什么)、"不沾气"(不行)、"行喽"等。这些具有地方特色的语言在他的故事里比比皆是。

在《蛤蟆的来历》故事中,他这样讲道:

有这么老两口,天天烧香念佛,可就是上没敬老、下不爱小,对左邻右舍更不强。

这天,老两口推着一小车香灰去西山,黑价宿在一个村子里。这村有个小伙子,他见人们仨一群俩一伙地去西山亮香灰,回家对娘说了。娘说:"我是个半病子,拖累得你寻不上媳妇。你也去西山求求佛,我壮实了,好给你成个家。"

小伙子是个孝子,不管嘛事儿,听着老人的。他给娘碾好米、磨好面、劈好柴、垫好圈。然后,对老两口说:"我和你们一块儿去西山吧。你俩坐在车上,我推着。"

……

再比如《怕老婆》故事中,他这样讲道:

有个人怕老婆,叫他上东他不敢上西,叫他打狗他不敢骂鸡。工夫长了,他老觉得这样实在过不去了,可又惹不起自己的老婆。

有一天,他对老婆说:"我是你夫,你是我妻;夫比妻大,人之常理;可你不听我,我倒怕你。传得出去,你不光彩,我也丧气。"

老婆说:"那你说怎么办?"

"怎么办?我早想好了,在家你说了算,样样听你。在外你要听我,顾顾脸皮。"

……

鲁迅说过:"乡民的本领并不亚于大文豪。"靳景祥驾驭语言的能力绝不亚于有文化的高材生。听他讲故事犹如读一篇范文,不仅语言节奏感很强,语句套路也很有特色,不愧是个天才的故事演讲家。

二、声情并茂并善于模仿

一般情况下,说书唱戏都需要服装、道具和舞台来帮衬,而讲故事不需要这些条件,随时随地在任何场合都可以讲述,靠自身的语言和表情来吸引听众或观众。

靳景祥讲故事,在任何场地都从来没有随随便便、毫无表情地讲,他很注意表情变化,常以情而动容,以容而表情。他通过自己的饱满精神和炯炯有神的两眼,像唱戏一样很快进入角色,挥手投足,声情并茂,恰到好处,既不过分夸张,也不委琐小气,娓娓道来,叠岩四起,扣人心弦,极具感染力。

例如,1988年5月,在"耿村故事家群及其作品讨论会"上,他讲《藁城宫面的来历》,学店家老太太小脚走路,两手左右摇动,双脚后跟着地,全身颤颤巍巍,颇似一个三寸金莲的老人;他学老太太与乾隆皇帝说话的声音以及学老太太端着满碗挂面的样子,都是惟妙惟肖的,令观众掌声四起。他讲到老太太见老伴半死不活,心中悲伤时,语音似哭,抽抽嗒嗒;讲到一问儿媳,挂面已经吃完时,两手手心朝上,"啪"地一拍,然后再分开一摊,抖了几抖,双眉一蹙一展,再把头一歪,显得那么无可奈何。讲到仙人制成了空心挂面,店主有救之时,他眉飞色舞,笑得令人轻松愉快,给人云开雾散、艳阳高照的感觉。

从1987年5月,笔者第一次到耿村参加民间文学三套集成作品大普查认识靳景祥以来,大约听过他讲述过上百个故事。不管是在他家炕头还是田园地头,不管是单个采访还是群体欣赏,他每次讲述都进入角色,从不应付厌烦,一字一句、一招一式都十分认真,感情投入,精神集中。当讲到高兴的地方,别人在笑,可他总能控制得住;无论讲官讲民,还是说文道武,都学得很像。

在他看来,给人讲故事是一件很神圣的事,不仅仅是说古拉古,而是像学校的老师一样在向人们传播做人的道理和品德。

三、善于把握听众心理

听众是故事家的授体,也是体现故事家价值的群体。听者对故事家的反响,标志着故事家在群众中的影响。靳景祥对怎么讲好故事,怎样把握听众心理是颇下了一番功夫的。他经常在收音机里收听刘兰芳、单田芳等人讲评书,琢磨人家为什么讲得那么好。他曾说:"讲故事是一门学问,讲得好坏,要靠听众评判。怎么把大家的注意力调动起来,这可很有讲究。"

还说:"在讲的过程中,我发现谁走神,就用眼盯他,一会儿他就不走了。"这是他的经验之谈,也是他在多年讲述故事中探索出的秘密。

　　事实也真是这样的。我发现他讲述时,那双明亮的眼睛总是在不断扫描全场,以此观察听众的心理。若发现有人没听明白,他会解释一下;发现有人困了或没精神了,他就适当提高声音,或插几句逗笑的话,活跃一下气氛,提一提大家的精神。靳景祥这种讲述故事的功夫和素质是一般讲述者很难类比的。由此,许多听过靳景祥讲述的专家学者们评价他具有民间故事讲述家的大家气派。

　　在一般人看来,民间故事是一种口口相传的艺术,只要把这个故事讲清楚、说完整,听众听明白就行了。但靳景祥并不这样简单地理解,为了使自己的讲述收到最好的效果,他在心理上总有一种对听众负责,要征服听众的欲望,力争赢人,追求艺术效果。出于这种心理,不管在任何场所,无论讲长故事还是短故事,他都全神贯注,全心投入,调动全身的每一个地方加以辅助他的讲述。他的手、脑、脸、眼、腿要不停地根据故事情节加以配合动作。他喜欢站着讲,这样便于动作的姿势发挥,即使他原来坐着讲,到关键的地方也要站起来。他的讲述风格让记录整理者有时犯难,因为这些声情并茂、摇头晃脑的手势动作是难以用语言描述的,整理出来的作品读起来总缺乏他原作的那种神韵和感染。

　　一个故事家的艺术风格,是很难用几条来概括的,尤其像靳景祥这样的大故事家。坎坷的生活经历,多种民间艺术的熏陶,都在他身上留下深深的烙印。这些烙印又在他几十年的讲述故事生涯中不断升华和提高,被运用得得心应手、出神入化,形成自己独有的讲述故事风格,才造就出一位深受观众喜爱的民间故事讲述大家的风采和声望。

第七章 靳景祥的故事作品类别与传讲形式

人的生活是五彩缤纷的,由此产生的故事也种类繁多。美籍华裔丁乃通先生曾出版《中国民间故事类型索引》一书,运用"AT分类法"对中国民间故事进行分类。钟敬文先生在《民间文学概论》中,将民间故事分为幻想故事、生活故事、民间寓言、民间笑话四类。就靳景祥所讲的故事来说,不管用哪种分类法归纳,可谓种类齐全。

一、故事作品的种类

自1987年至2004年,石家庄市文联先后多次派出普查人员对靳景祥讲述的故事进行有计划、有系统的专人采录。在14年中,从品种看,共记录、整理了靳景祥的故事480篇,还有歌谣、谚语、谜语、歇后语和民俗等大量资料。其中已被公开发表的故事作品193篇。从故事的内容看,既有开天辟地的神话传说,也有各个朝代的人物传说;既有平民百姓的日常生活故事,也有幻想故事、动植物故事和笑话等。用专家学者的评价说:"形式齐全、包罗万象,犹如一条完整的历史长链。"

根据20世纪80年代《中国民间文学三套集成编纂总方案》中的分类要求，靳景祥已公开发表的193篇作品可分类如下12种（见表4）。

表4 靳景祥作品分类表

序 号	故事作品类	数 量
1	神 话	3
2	人物传说	40
3	地方传说	12
4	动植物传说	6
5	风俗传说	8
6	土特产传记	2
7	幻想故事	26
8	鬼狐精怪故事	8
9	生活故事	41
10	机智人物故事	5
11	新故事	25
12	笑 话	17

从表4分类可以看出，靳景祥的故事几乎无所不有，其中人物传说和生活故事占的分量比较重，这两类占总数量的42%。其次是幻想故事、新故事和笑话。这与他的生活经历、爱好、脾气性格都有关系。他曾经说："我喜欢听那些一朝一代的稀罕事，忠臣怎么忠，奸臣怎么奸，让人明白事理，心里亮堂。"

故事家对某种故事产生钟爱，既是人之常情，也是他人格和品质的写照。喜爱忠臣良将表明他品格正直、爱憎分明；喜爱生活故事，表明他热爱生活、善于观察；喜欢幻想故事表明他对人生充满了理想和渴望；喜欢新故事，表明他关心时代和现实生活；喜欢笑话，表明他乐观开朗。世上没有无缘无故的爱和恨，人的爱与恨都与品性相连，故事家也一样。所以，研究靳景祥讲述的故事，就是对他思想品德和人格性格的剖析。

事实也正是如此。从靳景祥所讲述的故事内容看，大都以惩恶扬善，颂忠贬奸，敬老倡孝，鞭挞懒惰、贪婪、邪念以及懦弱等为主题。虽然个别作品有些封建迷信的糟粕，但瑕不掩瑜，应用历史的眼光去对待。神话故事《嫦娥与后羿》，讲的是后羿为了拯救天下黎民百姓，历尽千辛万苦，射死天上九个太阳，让人间重新恢复了白天和黑夜，反映了先人的英雄气慨和战胜自然的大无畏精神。《石阁老的传说》、《喜鹊报案》等歌颂了敢于主持正义，不怕杀头的清官形象。《从不开口的公主》、《白眼狼》等故事，则揭示了人间善恶到头终有报的不变规律。总之，不管是哪个种类的故事，每一篇都是讲述者心灵深处的诉说，传讲着历史、社会的变迁和对和谐幸福人生的追求，表达着他的喜怒哀乐和向往新生活的美好愿望。

靳景祥的故事进课堂（张罗义摄）
在耿村故事厅讲故事（肖政摄）
靳景祥在集市卖货

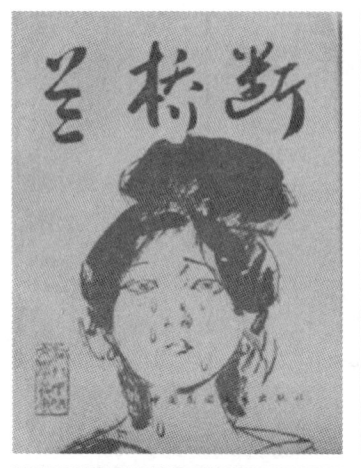

耿村故事专著
（张罗义摄）

二、传讲故事环境

一个故事家的一生，大致可分为三个阶段：第一阶段为耳濡目睹阶段，第二阶段为学习成长阶段，第三阶段为演讲传播阶段。三个阶段虽然各有明显特点，但也相辅相成、互有穿插渗透。

就靳景祥来说，小时候主要以听故事为主，讲述场合很少，即使讲也多为儿童之间的交流或受大人鼓励而表演。他真正开始大量受承和讲故事，是在少年和青年时代。特别是14岁时跟随大伯靳英瑞学说西河大鼓的经历，可以说是他由一个受民间故事熏陶的少年踏上故事家成长之路的开端。这中间，由被动接受到主动学习，由自幼喜爱到立志探索，由盲目承受和传播到规范有目的承受和传播。在这个阶段，靳景祥不仅承受故事量大增，而且讲述技艺飞速提高，胆子和口才也得到极大的锻炼。之后，他到晋县、藁城等地当厨师的经历又为他提供了实践和丰富讲述故事技艺的舞台，从而步入了故事家的第三个阶段。

据靳景祥回忆，那个时代文化娱乐活动极少，白天操劳一天，晚上伙计们就靠互相讲故事打发时间。每到这种时候，靳景祥都是主讲：一是因为他故事多，二是他讲得生动，大家爱听。在藁城饭店时，有个叫李学鼎的食客，是个书法家，每天中午都到他掌厨的饭店吃四两炒饼，熟悉之后，他们之间经常互相讲故事，而且成了朋友。消息传开，附近居民都知道这个饭店有个"笑话篓子"，晚上没事都聚到饭店听他讲故事。白天来吃饭的，有人还点名叫他给来一段笑话或故事。掌柜的看这个厨子能聚人气，不仅不干涉，还给他提供方便。因此，凡是靳景祥当厨子的饭店，生意都红火。

20世纪60年代，靳景祥在耿村务农时，他在田间地头也经常给社员们讲故事。大伙干活累了，听他讲一段又精神倍增。即使在家里，他也常在饭桌上给孩子们讲。这时讲的故事多是即席而生，例如饭菜不好孩子们不愿意吃，干活累了没精神，遇到不顺心的事闹情绪等，听听故事就忘记苦、累、烦了。二儿子靳夫计高中毕业后在县化肥厂上班，开始时老嫌岗位不好，工资不高，调换岗位也总不如意舒心。一次，靳景祥又听见儿子在嘟囔这事，他既没批评也没有讲大道理，而是和颜悦色地给他讲起了古代一个《三心二意，一事无成》的故事。讲着讲着，儿子说："你像在说我哩。好了，我绝不能一事无成。"从此，他再没有要求调换岗位，而是多读书，刻苦钻研业务，变成了厂里的技术工，而且还成了带徒弟的师傅。

靳景祥自幼心地善良，为人处事总是扶困帮难，深受乡亲们爱戴。村里谁家婚丧嫁娶都少不了他帮忙，就连两口子打架、兄弟之间闹别扭也找他解决。他喜欢热闹，但并不当判官，而是和风细雨地以故事里的人与事来比喻、启发当事人。因此，每次出头露面解决邻里亲友纠纷，也是他传讲故事的好场所。村里有一个靳姓人家，兄弟三人以打铁为业，共烧一炉，干着干着闹起了矛盾，要分开干，谁劝也不听，这家老人就去请靳景祥。靳景祥去了，欢言笑语，问问这个寒，问问那个暖，拿起碗橱上的一把筷子，就给他们讲起了《十根筷子折不断》的故事。兄弟三人认识到团结力量大的道理，言归于好，又不分开了。谈起类似这样的例子，乡亲们七嘴八舌总有讲不完的话。故事在靳景祥身上，不仅是开心取乐的"瞎话"，也是劝人诲人的奇方良药。

讲故事虽然伴随着靳景祥一生，但最辉煌的岁月还是晚年。1987年5月，他从藁城廉州饭店告老还乡。当时，中国民间文学三套集成大普查活动正在如火如荼地开展，省、市文联组织普查队来到耿村进行故事、歌谣、谚语的搜集整理工作。刚开始，见了普查队的人他尽量躲着走，群众都推荐说他故事多，他却摇头摆手不开口。因为在"文化大革命"中，他讲故事受到批斗的事还历历在目，怕为此再招惹灾难。经过做工作，他了解党的政策，心中的疙瘩一解开，便再也刹不住闸了，他成了耿村民间故事讲述的一员主将。中央、省、市的有关领导、学者在耿村考察时都是他带头第一个讲故事，为耿村赢得了荣誉，也为自己找到了价值和尊严。

普查组每次到耿村，无论谁找到他，他总是笑脸迎接。有时间他就多讲几个，没时间就少讲几个，绝不让上门者空手而归。告老回家乡的他，为了生计，在集市上摆摊卖花椒、大料等东西，今天赶这个集，明天赶哪家集，晚上回来还得给普查队讲故事，非常辛苦。不出摊的时候，他便主动到普查队员工作或住宿的地方，看谁有时间就给谁讲。他肚子里的故事，就像海绵里的水，总也挤不完，常常是说着闲话又想起一个，看到什么东西肚子里又冒出一个，睡一觉早晨起来又想起一个。普查人员每次离开耿村时，他都说自己肚子里的故事讲得差不多了，可再到耿村普查时他又滔滔不绝地讲了一个又一个，直到现在他的故事还没有讲完。

自1986年至1990年，笔者曾六次到耿村参加民间文学三套集成普查活动，靳景祥是主要采访的故事家之一。在那段时间，可以说笔者被他的讲述迷住了，他讲得悲我也悲，他讲得乐我也乐，我们既是采访和被采访者，也是忘年交的朋友。

1988年，笔者从他讲述的故事中精选近百篇故事结集出版，书名《花灯疑案》，由中国民间文艺出版社出版发行。该书是河北省自新中国成立以来的第一部民间故事家专集，并荣获第三届河北省文艺振兴奖。成书之前，为校正故事中的方言和情节，笔者吃住在靳景祥的家，他和老伴就像对亲闺女一样，在生活上处处照顾笔者。为了不耽误笔者的采访，靳景祥把家里的活计统统扔下，全心全意配合笔者的工作，常常为了某个故事或者完善某个细节，吃不好、睡不着。同时，也让笔者看到一个故事家的责任感和使命感，令笔者非常感动，至今仍记忆犹新。

近几年，岁数越来越大的靳景祥，不再陶醉于自己讲故事，而是十分注意有意识地培养村里喜欢讲故事的青年人，比如靳清华、靳春利等人。他总是像带徒弟一样指点他们，给他们讲述自己搜集故事的方法和吸引听众的技巧，虽然没有任何报酬，但是他心甘情愿。因为靳景祥从骨子里喜欢讲故事，愿意把他头脑中的故事毫无保留地奉献给社会和听众，期盼着能一代一代地传承下去。

第八章　靳景祥故事代表作选

笔者于1987年起采访采录靳景祥的故事，多年来没有间断。以下重点介绍靳景祥传讲的10个故事。

一、嫦娥与后羿

听老人们讲，嫦娥原不是神仙，是人间一个十分俊俏的女子。这天，嫦娥和姐妹们在河边挖野菜，大伙边挖边说说笑笑，打打闹闹。嬉闹声惊动了河神，他从水面露头一看，见是几个女子，其中一位十分美貌，盖世无双。河神不觉地动了心，就使法力刮起了妖风，直刮得天昏地暗，让人分不清东南西北。河神趁机把嫦娥抢走了。

正在危机之时，来了个年轻力壮的小伙子，肩背弓，腰挎箭。他叫后羿，从这儿路过，见河神在抢一个民女，立时挽弓搭箭，"嗖！"一箭过去，正射在河神的一只眼上。河神疼得一阵怪叫，丢下嫦娥慌忙逃跑了。

嫦娥被抢，又突然被救，心中欢喜，就走向

靳景祥与耿村著名大故事家靳正新在一起
靳景祥和大故事家孙胜台

后羿,飘飘下拜:"多谢壮士救命之恩!"后羿说:"起来,起来,不必客气。"嫦娥拜罢抬头一看,见小伙子威武英俊,爱慕之心油然而生。她问清了他的姓名、住址就回去了。

到了家,嫦娥将自己死里逃生的事对父母说了一遍,又说了自己的心事。两位老人一想,小伙子是女儿的救命恩人,当下点头同意。这样,嫦娥就和后羿成了亲。

再说河神回到水宫,气得火冒三丈:我堂堂河神连个民女都弄不到手,反搭上一只眼!越想越气,怎么才能报这一箭之仇?水宫里有棵树,上面落着九个明光光的金翅鸟。这金翅鸟是水宫里的宝贝,它们照得水宫里里外外通明透亮。河神用手一指,九个金翅鸟飞出去变成了九个日头,这下天上有了十个日头。河神梦想把这一带的人都晒死。

十个日头轮番升在空中,大地上没有了白天,也没有了黑夜。树枯了,河干了,庄稼晒死了。人也瘦得皮包骨,有好些人被晒死、累死了。这天，后羿对嫦娥说："这样下去人还不死绝！我得学艺去，将来把日头射下来。""为了搭救黎民百姓，你去吧。"

后羿带上干粮，离开了家门。他一边走一边打听，到处寻师。他走啊走，这天见前面站着一个老太太。她说："后羿别往前走了，你就是学了艺也不行。我给你一样东西吃了你就行。""你是谁？是我师傅吗？""你别问了。"这个老人是谁？南海观音，她是奉命来帮助后羿射日的。说着给了后羿一个药丸。

后羿接过药丸，说："请问，这药丸怎么用法？""到六月六正当午时，你吃了它，就能上天奔月宫。那儿有员大将叫吴刚，让他给你造几副箭，才能把日头射下来。"后羿一听十分高兴，给大师磕了三个响头，就不分昼夜地往回走。

后羿回来把路上的事跟嫦娥说了。嫦娥听了也十分高兴，盼望着后羿能早日取回神箭，射下日头。没想到，后羿因劳累过度，回家不久就病了，一直昏迷不醒。到了六月六这天中午，任嫦娥怎么叫，怎么拽，后羿就是不醒。急得嫦娥里走外转。怎么办，错过了时辰，药丸就得扔掉。后羿白白辛苦了一趟不说，谁搭救受苦的百姓？想到这儿，嫦娥就吃了那药丸。不一会儿，她觉得浑身轻飘飘，忽悠忽悠地慢慢离开地面，飞向了月宫。

到了月宫，仙女们一起出来迎接她，吴刚端来一杯桂花酒为她洗尘。嫦娥把自己借箭的事说了一遍，吴刚忙吩咐仙女们采流星做箭头，他亲自从桂花树上折下桂枝做箭杆。一气造了九枝神箭，交给了嫦娥。临走又送了她一双登云鞋，说："嫦娥，你吃了药丸已成神仙，以后就是月宫的人了，要速去速回。"说完派几个仙女护送她，驾云回到地上。

嫦娥回到家，见后羿还在床上迷迷糊糊躺着。她就喊了一声："后羿，醒来！"这下倒灵，后羿一激灵醒来了，往起一蹿，说："日子过去了吗？""早过了，我吃了药丸，把箭取回来了，给你。"

后羿一见神箭，十分高兴，张手刚刚接住，突然一阵清风，嫦娥双脚离地，飘飘悠悠上了天。后羿仰颏大喊："嫦娥——你不能撇下我走啊！"嫦娥穿了登云鞋想停也停不下，难受的泪如雨下："后羿，我已经成了神仙，咱们夫妻要永远分开了。"眼巴巴瞅着她越飞越高,后羿急得放声大哭。

哭了半天,后羿心想:为了搭救天下百姓,她上天也罢,总算没白费劲。他就立刻拿上神箭,走出家门,一气射下九个日头,留下原来的那个,人间这才有了白天和黑夜。

以后,夫妻二人一个在天上一个在地下,永远没得团圆。

二、杨六郎大战白石精

杨六郎领了圣旨,带领众兵将浩浩荡荡往三关走,半路上被高山挡住了去路。在山峰口,跃马挺枪过来一员大将,穿白挂素手握一杆银枪,冲着杨家人马大声问:

"来的是什么人?"

"杨家将!"

"哪里去?"

"镇守三关。"

"去,请杨元帅上来说话。"

先行官忙禀报六郎,六郎立时就来了,见这员大将膀宽腰圆,虎背熊腰,像是一员好将。心想,这儿离北国还远,也没听说这里有什么贼寇,什么人这么大胆?

"来将报上姓名,本帅枪下不死无名之鬼!"

"我是白石大王。"

"平白无故拦我大队人马,为了何事?"

"把你的元帅印交出来,让俺执掌几天!交出来万事皆休,要是敢说半个不字,把你刺成烂泥!"

"胡说!本帅的大印那能交给你?"

二人话不投机打了起来,两枪相对直杀得天昏地暗。大战了五百个回合,白石大王只有招架的劲头,没有还手的力气。他"当、当、当"连刺三枪,拨马扭头就走。六郎哪肯放过,催马紧追,一追追到一个湖边,白石大王"扑通"跳进去了。六郎不敢下去,眼巴巴地望着湖水翻滚,等了好半天,不见白石大王的影子。活不见人,死不见尸。

六郎命令将士们在此安营扎寨,埋锅造饭。晚上,六郎坐卧不安,就派人去山下叫来几个年老的村民。六郎问他们这是什么湖,白石大王是什么人。村民们告诉六郎:"这个湖叫红莲湖,白石大王不是人,是个妖精。他每年都出来几次,抓上童男童女,放在马上带到湖里,到里边就把人吃了。"

送走老人,天大亮了,这时士兵来报:"元帅,白石大王又来了。""好!我正要找他哩!"六郎提枪上马,二人见面,互不搭话,又战在了一起。打打打,又打了五百个回合,白石大王"扑通"又跳到了湖里。

六郎无奈,只好回帐歇息。晚上,六郎在大帐里走来走去,思想这事:这白石大王败了就逃到湖里,老这样下去怎么能行?三关等着去镇守。可这妖怪糟害百姓,实在不能容忍,一定得除掉他。怎么个除法呢?正在为难发愁,忽然从身后来了个老头儿。六郎说:"你是什么人?为什么私进大帐?"

"我是红莲湖里的湖神,为你和白石大王打仗的事儿而来。"

"你既然是湖神,怎么不除掉妖怪?"

"你不知道,只因妖怪神通广大,法力无边,小神我惹不起,我禀报了玉皇大帝,玉帝说要等你来才能除它。明天我把湖水抽干,你尽管和他打。"湖神说完,走了。

第二天吃了早饭,六郎摆开阵势,白石大王又来了。白石大王说:"杨元帅,今天我胜不了你不入湖。"六郎哈哈大笑:"白石精,今天我要败了,就把大印交给你,我回家种地。"说完,二人又打在一起。上上下下,左左右右,前前后后,又大战了五百回合,白石大王拨马就跑,跑到湖边一看里边的水一点也没有了,这妖精不由倒吸一口凉气。就在它一愣神的工夫,六郎赶到,马头接马尾,六郎一枪刺去,把白石大王刺了个透心凉!白石大王一头从马上摔下来,变成了一块大白石头。六郎把枪往回猛一抽,石头中间留了个窟窿。

以后,村民们把这块石头抬到岸上。为了纪念这件事,岸边的一个村改名叫"石精村"。据说这个石精村就在保定城西边。

三、藁城宫面的由来

宫面是藁城的一种空心挂面，为什么叫宫面，这事得从清朝乾隆年间说起。

自古藁城就有一个风俗，谁家生了孩子要过十二天。这天，亲戚朋友提上挂面、鸡蛋、红糖等东西来看望、庆贺。凡亲戚多的，每年七大姑、八大姨、姐妹妯娌生孩子坐月子的没完没了。富人家拿这不当回事，穷人家就闹不起。可穷人自有穷人的办法，遇到这事，他们把竹棍削成挂面一样的细条条，猛一看跟真的一样。用纸封好，放在篮子底下，上面再放上真的，为的是热闹好看，你来我往都这么办。乾隆年间时，藁城西关有个李老四，老伴张氏，老两口在临街开了个小店。这一年，他家添了孙子，亲戚朋友同一天来贺喜。等亲朋好友走后，老四拾掇了三十一封假挂面，随便放在冲门口的破桌上。

不久，李老四得了病，日久天长店不能开、钱不能挣，没了吃的。一天，他对老伴说想吃碗挂面汤，张氏就到儿媳屋里，一问，挂面早吃完了。回来朝坛坛罐罐一看，空空如也！没办法，张氏就到东邻西舍去借，借了半天也没借上。有心找富户，走了半截又回来了。怎么了？富人和穷人不打交道，去也是白跑磨鞋底。张氏回到家，急得两眼落下泪来。正在哭泣，外边进来一个要饭的，进门就喊："掌柜的，给块干粮吃吧。"张氏扭头一看，见是一个身穿破衣、满头白发的老婆儿，肩上还扛着辆纺车。张氏说："咱们都是穷人，没有哇！"

"没有干粮喝口面汤也行。"

"你这要饭的，小店已经多日不开火，当家的有病想吃碗挂面汤都没有，你还是去找别的门儿吧。"

要饭的用手一指桌上的假挂面，说："这儿这么多挂面，还说没吃的？"

"咳，那是假的。"

"假的?叫我看看行不?"

"行。"

张氏拿来一封递给她,她看了看说:"既然是假的,你放着也不能吃,给了我行不?"张氏见她这么缠人,早想打发她走,赌气地说:"你愿意要都拿走吧。"要饭的从怀里掏出块布,放下纺车,安上锭子,坐下来,左手拧纺车,右手拿假挂面,给他们钻起眼来。

张氏见要饭的走了,在屋里打开了转转,我上哪弄点面给当家的做碗面汤?想来想去,猛然想起城西李家庄有个姑姑。对!找她借去。

张氏踮着小脚,迈步出了上房,走到大门底下,看见要饭的拧纺车,觉得奇怪,问她:"你是在干什么?"

"给挂面钻眼儿。"

"竹棍钻眼儿有什么用?"

"有用,有用。"

说着,递给她一封假挂面。

张氏接过来一看,那竹棍根根空心。她抽出一根,折断

神 像

一截放嘴里一尝，咸乎乎得香，比真挂面还好吃。她一阵高兴，回头再找那要饭的，早不知去向，光剩下一堆又细又白的好挂面。呀！这不定是哪位神仙来赐给俺的，可该着我当家的病好了。她拿起挂面回了屋，欢喜地喊："当家的，这回可好了！"

老头听了，觉得奇怪："怎么你这样喜欢？"

张氏把事情一说，老头腾地坐起来："怎么？挂面成了真的？"

张氏忙到伙房煮了一碗，李老四接过碗几下吃光了。吃下肚里发热，身上冒汗，痛快了许多。每天吃点挂面，不几天病就好了。

一天，乾隆皇帝三下江南回来路过藁城，不巧，天下起了毛毛细雨。天上下雨地下滑，道路泥泞没法走，乾隆就吩咐跟随的太监打问打问有无店房。太监到前边一问："这儿有店吗？""有，李家老店。"主仆二人来到店前，太监冲门喊："掌柜的在吗？"老两口正在上房闲坐，闻听有人叫，张氏忙出来说："你二人要宿店？"

"雨正下，俺们走不了，宿到这儿吧。"

"俺的店好些时不开了，既然你们来了，就算到了家，屋里来吧。"

张氏领二人进了一间上房，上房也是破桌子和三条腿的凳子，炕上的席子露着炕坯。乾隆早累坏了，顾不上脏净，一屁股坐下来，吩咐说："掌柜的，给弄点茶，做点饭吃。"张氏老太太待人挺好："客官原谅，喝茶我管够，吃饭没有，到外边买吧。"

乾隆只好派太监出去买饭。过去的小县城人少，生意不景气，又是雨天，饭店早都关了门。太监就近找了一家饭店，敲了半天才把门敲开，说：

"掌柜的，还有嘛吃的？"

"卖完了。"

"俺们走到这儿，碰上天气不好。甭管嘛，能充饥就行。"

买卖人头脑灵活，都知道"死店活人开，十个走百个来"，"买卖传不出名，不能发大财"这一套，就把自己吃的面条煮了一碗。太监付了钱，端着碗往回走。也该他倒霉，走到上房门口，脚下一滑，"扑通"倒在地上，把碗摔碎了。乾隆看见快要到嘴的东西没了，一下子火了，骂道：

"你这无用的奴才，该死！"可"死"字还没说出来。这时候张氏一手提壶、一手拿碗，扭扭搭搭进来了。她见客官吹胡子瞪眼发脾气，地上还跪着一个，就问："干嘛生这么大的气？来来来，先喝碗水。"

乾隆说："掌柜的，我叫他到外边买碗饭，他把碗打了，饭洒了。""为这点小事，你发脾气不值得！俺还剩下一封挂面，给你们煮煮吃了吧。"说完迈动金莲回屋煮挂面去了。

工夫不大端来两碗："来来，吃点挂面，明天你们再出去买。"乾隆早饿了，急忙端起一碗，用筷子搅了搅，一闻喷香。常说："饱了吃蜜蜜不甜，饿了吃糠比蜜甜。"他三嘴五嘴吃下去了。又抄起第二碗，用筷子往起一挑，见碗里的汤没了，一放下还是半碗汤半碗面。他觉得这事奇怪，一问张氏，说是空心的。真好哇，我在皇宫内院从没吃过这样好的面！他三下五除二，又把这碗吃了个精光。肚子不饿了，才一指太监说："起来吧，死罪饶过，活罪不免，今晚饿你一顿。"太监一听心中高兴，别说饿一顿，饿十顿八顿都可以，只要有命就行！立时磕头谢了不斩之恩。

乾隆南巡回宫后，每天用饭真是吃一看二眼观三，吃得强喝得强。可他吃什么也不香甜，忽然想起在藁城李家店吃的那两碗面，立时下了一道圣旨："让藁城每年进贡五百封空心挂面。"

圣旨一到藁城，县官傻眼了，派人东找西买，找不到。急得他里走外转，坐立不安，像热锅上的蚂蚁。县官的老婆是个掌印夫人，于是就给他出谋划策。这天给县官说："我有一言，不知你听不听？""唉呀，咱老夫老妻的，有话就直说吧！""叫我说，你何不派一个能说会道、精俏伶俐的人，多带银子，进京打探，问一问这挂面是从哪传出来的？弄清咱就有法了。"一句话提醒了梦中人："对，就这么办！"

县官立时派两个心腹之人，带足银两进京。一到京城不几天，就和在朝的人挂上了钩，常请他们吃点喝点，顺便打问这事。问来问去都说不知道，有个人说："这样吧，我给你托皇宫内院的太监问问。"无巧不成书，托人托到跟随乾隆下江南的那个太监身上。太监把这事怎么来怎么去一说，两个差人明白了，辞别在朝的爷们，马不停蹄赶回了藁城。

见了县官，把情况一谈，县官喜出望外："去，把西关李老四叫来。"两个差人不敢怠慢，不一会儿将李老四带到大堂。李老四不知犯了嘛罪，急忙跪倒。县官问："当年，有两个人宿在你店里，还吃了你家两碗挂面。可有此事？"

李老四一回忆，说道："大人，有这事。"

"好。你知道，那两人是谁？"

"不知道。"

"那是当今万岁乾隆皇帝和他的心腹太监。如今万岁还想吃你的挂面，下令每年进贡五百封。我限你一百天内做出来，否则拿人头交来。"

李老四一听，魂都吓跑了，那是神仙赐给的，假挂面变成了真的，现在上哪找去？他低头回到家不停地唉声叹气。张氏忙问："怎么了？"他就把事情一说，老太太也立时直了眼。怎么办？找找吧，是不是别处还有？东赶集西赶庙，都没找到。

老两口愁得吃不下饭，睡不着觉。到第九十九天头上，就把儿子叫到跟前说："你们远走高飞吧，要不一家子都活不了。"儿子收拾收拾，带上媳妇、孩子逃走了。

晚上，老两口草草吃口饭，躺在被窝里说着难过的话不住劲地哭。忽然张氏看见从外边进来一个老婆儿，肩上扛着一个纺车、一捆竹竿。那竹竿长不过三尺，粗不过一指。一到屋里就说："你们不要发急，我来教你们做空心挂面。"

张氏似乎正在梦中，睁眼一看，真的，还是那个要饭老婆儿，正站在屋子当中。她一激灵坐起来，把李老四推醒："快起来，神仙又显灵了。"

老两口立时跪下磕头，这时又从外面进来一群年轻人，有男的，也有女的。他们带来了油、盐、鸡蛋和白面，由老婆儿指挥着，把油、盐、鸡蛋放进面里和好，接着把面上洞子、盘条。过了一会儿，他开始上杆拉条，拉得越长，面条越细。面里就有了空心。他们一夜之间做好了五百封。天蒙蒙亮时，神仙老婆儿说："挂面已经够了，你们准备明天去交吧。"说完，屋里一个人影都没有了，就剩下了五百封挂面。

从这儿,李家学会了做空心挂面,每年往京城送。因为这是往皇宫送的贡品,所以就起名叫"宫面"。

四、你别跑了

一号文件真英明,
处处为咱老百姓。
种地发给补助款,
亲自交到咱手中。

说藁城有个村,村里有户姓梁的人家。农忙时耕作那几亩承包地,农闲时做小买卖挣点钱。两口子都是劳动能手,一年下来存了几千块钱,不缺吃不缺穿,那真是小康之家。

俗话说:"天有不测风雨,人有旦夕祸福。"姓梁的不幸得了重病,有病就得住院看医生,他在医院里花了很多钱,把家里积蓄花完了,又到处借,亲戚六眷、乡邻朋友没有他不去借的。治来治去,最后也没把病治好,一命呜呼,死了!

姓梁的死了,家里就剩下他媳妇和两个孩子。一个妇道人家,只能耕作地里的庄稼,不能外出挣钱,还得供两个孩子上学,可是不容易。可你种着地,总得缴农业税吧?她手里没钱,每年缴不了,成天为这个发愁。一听说镇里干部来了,她就心里害怕,心说莫非又向我要钱来了?就是不是要钱的,她也害怕。妇道人家见识短,没办法,躲吧!她就藏到别处了。

这一天,镇里开着车又来人了,她听说镇里来了人,就又撒腿跑了。这次不是来要钱的,实际上是来落实中央一号文件,给发种粮补助款来了。

这次补助款是发放到户。镇干部到了这村,就挨家挨户发放,张三家多少,李四家多少。到了她门上了,她没在家。没在家先搁过,隔一会儿再来吧,再来了她家还是锁着门。村里都发完了,光剩下她一户了,就是找不到她。说这款给了别人,让别人交给她不行吗?说不行,这是政府的命令,必须交到本人手中。说先回去吧,明天再来,那也不行,工作太忙,为这一户不能再耽误一天了,等着她吧。唉呀,天快黑了,她还没有回来。

她在外边躲着,躲得天晚了,心说回去吧,镇干部肯定走了,两个孩子下了学还等着吃饭哩,她就往回走。刚巧一进村口,就碰到镇干部了。

一碰上她就心虚,心说这运气怎么就这么坏,躲来躲去也没躲过去。怕也不行了,往前走吧!正往前走,干部们说话了:"哟,嫂子,你上哪儿去了?让俺们好等。"

"啊,我去串了个亲戚。你们别要钱了,我家实在是没有,要是有了我一定还上。你们不知道咱这样的户?以前从来没欠过公粮提留农业税,你看这二年他爹一死实在困难,我也实在没办法。要不这样吧,我家里还有一头猪,你们把它逮走算了。"

"哎呀,嫂子,这不是猪的事……"

"我知道不是猪的事,是农业税的事。"

"也不是农业税的事。嫂子,你别害怕,我们是给你送钱来了。"

"啊?给我送钱?不准吧?"

"中央一号文件下来了,要补助农民,你种多少地补助你多少钱。来,这是给你的钱,你数一下。"

她双手接过了钱,不由泪流满面,就说:

　　　　　　含着眼泪接过钱,
　　　　　　党的恩情我记心间。
　　　　　　发家致富奔小康,
　　　　　　永远跟着党走心不变。

(该故事系靳景祥本人2003年创作)

五、靳天保斗鬼

靳天保是俺们耿村人，清朝时中过武举。他从小就喜欢玩枪弄棒，练就了一身好武艺，胆儿特别大。

靳天保姥娘家住在本县张村，是有名的大财主。这一年，他家盖了一座新房，全家挪过去住了。睡到半宿，不知什么物件就把人给抡出去了。要不就丁丁当当、叽里咣当老闹动静。一家人害了怕，谁也不敢在那睡了。好好的新房大院不能住，个个都发了愁。

有一天，靳天保去看姥娘。吃饭的时候，姥娘把新房闹鬼的事和他说了。天保一听不在乎："嘛样的鬼呀神呀的？我就不相信！这么着吧，今晚上我住一宿看看。"

姥娘不让："你一个孩子家，半宿里把你扔出来，吓坏了怎么办？""甭管了，我才不怕哩！"

靳天保跑回耿村拿上宝剑，立时又返回来，吃过晚饭就去了。推门一看，屋里摆设挺好，他往椅子上一坐就看开书了。天老不早了，就听院里"当啷"一声。靳天保光等着哩，他就把宝剑抽出来，一手拿剑一手端灯往外走。往院里一看影影绰绰有个物件，就大喊一声："谁？"这个物件"哧"一下，细个拧的长了两丈多高，脑袋、腿都看不清是嘛样。他心里说："莫非这就是鬼？"他抬手就是一剑，砍得那物件"吱"一声，一溜火光跑了。

靳天保不知它跑到哪了，屋里找找，院里看看，嘛也再没找到。他心想："你跑吧，我还等你。"他到屋里又坐下，把书往一边推了推，拿起毛笔练开字了。过了好一会儿，又听外边"当啷"一声，接着窗扇"砰"一下子开了，一只大手伸了进来，眼看要抓住靳天保的头发。这工夫，他猛一闪，伸出左手攥住了那只大手，右手用笔在大手心里写了个"山"字，说："压死你！"这下那物件受不了了：

"哎呀！放了我吧，我再不敢了。"

"放你也不难，有个条件你得答应。"

"嘛条件？"

"永远不能再来这儿！"

"保证答应，再不敢来这儿了。"

靳天保见它草鸡了，就在"山"字上边又写个"山"字，摞在一起就是个"出"。他说声："滚走吧！"那只大手赶忙往回一撤，一溜火光跑了。

天亮以后。他把昨天夜里斗鬼的事对姥娘说了一遍，姥娘一家挺高兴。天保不放心，又住了三天，果然那个物件再没来。

以后，姥娘家搬过去住了，新院里平平静静，再没闹过鬼。这真是"人不怕鬼就没鬼，越是怕鬼才招鬼哩"。

六、靳家为什么没有被杀绝

朱洪武灭了元朝坐了南京，天下暂时算平定了。

这时候，朱洪武跟前有三个儿子，两个是马娘娘的，另一个是偏妃生的。有一天，马娘娘跟朱洪武说："今天把军师刘伯温请来，看看这三个儿子谁能继承你的皇位？"朱说："好。"就把刘伯温请到了金銮殿。

朱说："今天没什么国事，咱们拉拉家常，你看我这三个皇子，将来谁能继承皇位？"刘伯温一看这三个小孩，岁数都差不多，马娘娘这两个小孩在一边呆头呆脑地坐着，稳稳不动。偏妃那个孩子来回围着龙柱转，上上下下，一个劲地闹腾。刘伯温知道这个孩子将来有出息。他是怎么知道？这里有段小故事。

朱洪武杀了陈友谅以后，他见陈的媳妇长得十分好看，就把陈的媳妇抢来，做了自己的偏妃。这时她已怀孕两个月了，心想：将来孩子一降生，朱洪武能让吗？每天晚上，她就烧香祷告："求上帝多多保佑，为陈家留一条根，让我晚生两个月吧。"她每天这样烧香祷告，到了生的时候，正好过了两个月，生下一个小子。

刘伯温心中明白这事，这孩子将来必会大富大贵。他就说："依臣之见，这三个孩子都有福，都能继承你的皇位。可还是金龙盘玉柱。"马娘娘一听不解其中之意。朱洪武是一朝人王地主，脑瓜一转，一回味刚才的话，又见偏妃生的孩子围着柱子直闹腾，心中明白了个八九不离十。

从金銮殿回到内宫，马娘娘就冲着朱洪武嘟囔："让他给算算哪个孩子能继承皇位，说了个嘛？你这个主子，当不当吧！看谁都比你大，谁说出话来你就得服从，还称什么皇上？你们不是要在庆功楼上摆宴嘛，叫我说趁这机会，把这群家伙一网打尽，下一步你就好治理了。"

朱洪武听信了马娘娘的话，把刘伯温宣上殿说："北边还有一些草寇没平灭，赐给你五百年轻的兵、五百老的，封偏妃生的儿子为燕王，你带上燕王扫北去吧！"朱洪武心狠手辣，给你这些残兵败将，想回也回不来，这叫借刀杀人！他为什么要害偏妃的儿子？那天听了刘伯温的话，知道这个小子将来有出息，他就猜测着这个儿子不是自己的。想杀死他，怕偏妃不让，就想了这个法子。

刘伯温接了旨，不敢推辞，领着兵将，保着燕王走了。走了一百多里地，就安营扎寨，对兵将们说："老的小的，有亲的投亲，有友的探友，剩下年轻的，一律不准走！"就这样把老的小的都撵走了，剩下年轻力壮的，给他们讲起了大道理：国家要想统一，人民要过好日子全凭咱们这些人了……他说得大家服服帖帖。

队伍一整齐，从这开始征北。刘伯温临走时，朱洪武嘱咐过他："我有个义父姓耿，叫耿再辰，为救我死在了元顺帝手里，死在卧牛山（现在的耿村），你到了那儿，打听一下情况。前几天，派过一个姓靳的去看坟，你去了把坟再建一建，也不要杀靳家。"

刘伯温保着燕王一路上猛杀，杀死的人太多了，血都流成了河。一过滹沱河，来到卧牛山，一看就一座大坟，一打听正是姓靳的看着。就下令一律不杀姓靳的人。

燕王扫北，人几乎被杀光了，只有靳家保住了。

七、新郎新娘入洞房的由来

过去,在一个村子里,住着个叫"新郎"的小伙子。他独自一人,三间草房,靠开饭铺过日子。新郎很有肚才,三里五乡的人有了什么难事都找他。他在自家门上挂了个牌子,上面写:"有志不在年高,无志枉活百年。"

有三个皮匠去赶庙会,这一天路过新郎的家门,看见"有志不在年高,无志枉活百年"的木牌子,感到稀罕。一个皮匠说:"口气不小,进去看看。"

他们三人进门往里走,新郎赶紧出来迎接,礼貌地说:"三位老兄,来来来,屋里坐。"他又搬凳子又倒茶,一阵忙活:"三位老兄,有嘛事?""没事,我们路过门口,看见牌子上写得挺文明,想请你办件事,不知能不能办到?""让人让到底,送人送到家。你们有嘛事,尽管说吧。"

大皮匠说:"我想要太阳大的一个馍。"

二皮匠说:"我想要海大的一瓮油。"

三皮匠说:"给我织路那么长的一匹布。"

新郎听了哈哈大笑:"三位老兄,得多长时间?"三人一商量,嗯,时间不能太长,夜长梦多,就说:"三天就要。"说完三个人走了。

第三天,三人早早来了,进门就喊:"新郎在家吗?""在。"大皮匠问:"我要的馍,怎么样了?"新郎不慌不忙地说:"我给你把面发上了,你去量量太阳有多大,弄准了我再蒸。"大皮匠一听傻了眼,忙说:"不要了,不要了,你爱蒸多大蒸多大吧。"

二皮匠说:"海大的一瓮油,你做好了吗?""你把大瓮搬过来,我就给你装油。"二皮匠一听,就说:"我本来想难为你,你倒难为起我来,不要了。"

三皮匠又问:"我要的布,织好了吗?""你把路量量有多少丈多少尺,我织的时候好有个头哇。"三皮匠一听也"噗嗤"一声笑了,摇头说:"不要了，不要了。"

新郎知道他们有意难为人，看他们一个个没话说了，才开了腔："三位老兄，早听说你们见多识广，今天求你们办点事。""有嘛事，尽管说。"

新郎说："我要六证，帮我买去吧。"

三人听了，你看看我，我看看你，谁也不知道嘛叫六证，也不好意思问一声。他们偷偷一商量，到别处打听去，不能让他看出咱们没本事。

他们走到哪儿，打听到哪儿，就是没有一个知道的。这天，他们来到一个山头，这山叫"黄花山"，见一位挺好看的姑娘正洗衣裳。他们上前施了个礼，说："请问大姐，你们村有没有卖六证的？如果有，要多少钱给多少钱。"姑娘一听哏哏笑了："我家就有六证。"

这位姑娘叫陈娘，也是个有才的女子。回到家里，她翻箱倒柜，拾掇出六件东西：剪子、梳子、镜子、斗、秤和算盘。又对三个皮匠解释说："裁衣裳剪子为证，梳头梳子为证，容颜好不好镜子为证，斤两大小秤为证，过量米面斗为证，结算账目算盘为证。这就是六证。"

三人听陈娘有条有理地一说，非常佩服她，说："我们找了多少天，不想来你这找到了，要多少钱吧？"

"一分不要。只想问问你们是给谁找的？"

"给一个叫新郎的小伙子。"

"噢，以后有什么事还来这儿找我。"

"那么姑娘大名？"

"我叫陈娘。"

三人高高兴兴地带着六证回来了，见到新郎把东西一交，说："这是不是六证？"

"是，正好，在哪买的？"

"在黄花山，一个叫陈娘的送给的。"

"有多大岁数？"

"十八九岁。"

"三位老兄啊，劳你们再跑一趟吧。"

"行。"

"给她带上几句话。"

新郎说着，提笔写道："寅时想姑月偏西，菜在园中水在溪。家中有米无人煮，床上有枕少个妻。"下坠："新郎。"他叠了又叠、折了又折才交给他们。

三人直奔黄花山，找到陈娘。她看完信笑了笑，拿出笔来写了这样几句："屋中无梁，没檩没墙，冬暖夏凉，天然一堵石头墙。"

三个皮匠回来，把信交给新郎。新郎一看，哈哈大笑："多谢三位老兄，这事你们甭管了。"

新郎多聪明！一看就知道，陈娘住在一个石洞里，邀她去哩。他急急忙忙打点了行装去找陈娘。走到一座山上，在一个大石洞前遇见一位姑娘。

就上前施礼："打听个人，可曾知道？"

姑娘说："说吧，这一片儿有名有姓的我都知道。"

"有个叫陈娘的，住在哪里？"

"你是……"

"我叫新郎。"

姑娘脸一红："我就叫陈娘。"

"你叫我好找！"

"你叫我好盼！"

当天晚上，俩人在山洞里成了亲。新郎说："你别叫陈娘了，以后就叫新娘吧。"从这儿起，人们就把新婚的男女称为"新郎新娘"，结婚的第一天晚上叫"入洞房"。

入洞房实际上是入山洞，三媒六证的说法也是从这儿兴起来的。

八、才女巧答知县

清朝年间，有个县城有一个姓董的，家大业大，是有名的富户。董掌柜的有个闺女名叫"文秀"，文秀十分聪明，美貌过人，是爹娘的掌上明珠。

不少大城市都有董家的买卖，文秀跟着父亲每年到各摊上转一趟。每到一处，人们给她讲故事、对诗、猜谜语，文秀出口成章，谁也难不住她。人们就叫他"才女"。

一晃，文秀长到18岁。哪个女子不怀春，哪个男人不多情？他偷偷看上了给他家做活的一个小伙子。这人姓张叫俊生，小伙子文质彬彬，相貌堂堂，看上去就像个富家子弟。文秀和父母一商量，二位老人通情达理，不讲什么门不当户不对，点头答应，选个好日子给俩人完了婚。

过了一年，俊生想回家看望老娘去，和文秀一商量，文秀说："要去咱俩一块走。"立时备了一头毛驴，一个骑着，一个牵着，出了家门。

一到大街上，就见两边做买的做卖的，人来人往，川流不息，非常热闹。俊生牵着毛驴小心翼翼正往前走，耳听对面有"当——当——"的敲锣声。干嘛的？县太爷出城叫闲

靳景祥为采摘苹果的游客讲故事

人闪开。人们赶忙往两边闪。那头毛驴没经过世面,一下子受惊了,俊生就使劲往一边拽。犟驴、犟驴,越拽它越往前闯。一家伙把县太爷的八抬大轿撞了个底朝上,县太爷被扣了出来。

他弄了一身土,恼羞成怒:"你大胆的刁民,敢把我碰到!拉到大堂去!"

县太爷一发话,三班人马呼拉上去,把俊生绑起来,推推搡搡往县衙走。文秀后边随着去了。

一到衙门里,县太爷立时升坐大堂:"把毛驴没收,把这个小伙子拉下去,重打四十大板!"

文秀一见要打她丈夫,急了眼,急忙迈步进了大堂,"扑通"跪下说:"老爷,民女冤枉。"县太爷低头一看,下边跪着一个女的,就问:"你是什么人?为什么喊冤?"

"刚才那人是我丈夫,俺们回家看望老娘,不想碰了老爷的轿,你要了毛驴二话不说,可不该打我丈夫!一个六畜碰了你,又不是他碰的。"

"好一张俐口!你家住哪里,姓字名谁?"

"家住城西关,我姓董叫董文秀。"

"哦,原来你就是董家的才女,既然这样,我来考考你。答对了,毛驴还给你,丈夫一下不打。答不对,外甥打灯笼——照旧。"

"好,请出题吧。"

"就以你丈夫挨打的'打'字为题,只能有'打'的意思,不能说出'打'字来,还必须说在夜晚。"

文秀略一思索,说:

月移谯楼更鼓罢,
渔民收网回到家。
艺人小店去投宿,
铁匠熄炉正喝茶。
猎人山中剥死虎,

飞蛾团团绕灯花。
院中秋千已停熄，
油郎改行谋生涯。
毛驴受惊碰尊家，
望求老爷饶恕他。

县太爷一听，句句有"打"的意思，但句句没有"打"字，不由暗暗佩服，忙说："答得好！毛驴还给你，丈夫不打了，下堂去吧。"

夫妻二人就牵着毛驴走出县衙，又上了路。

九、箱子里装小偷

一个村里，有这样两口子：男的不爱干活，光爱偷偷摸摸；女的外号叫"母老虎"，又奸又厉害，是个人人怕。

有一天，一个街坊过事。晚上，一群小年轻的闹过洞房，嘻嘻哈哈走了，小两口也就睡了。

再说那个小偷，整天不想别的，光想今天偷这家的，明天偷那家的。今天有过事的，他早攒足了劲，准备晚上捞一把。夜深人静，他估计新郎新娘都睡着了，就和媳妇说了一声，悄悄出了门。

小偷来到这家，大门已关紧，他翻墙过去。院里静悄悄的，正是下手的好机会。他趴在窗户下听听，小两口睡得正香。就轻轻用刀尖把门拨开，蹑手蹑脚进了屋。里边黑咕隆咚的什么也看不见，不知好东西放在哪儿，就到处乱摸。屋里有个四方桌、两条板凳，是媳妇娘家陪送的。小偷没顾脚下，一跤绊在板凳上，身子往前一趴，"咚！"头正好碰在桌角上，活该他倒霉，当时就一命呜呼了。

小两口被惊醒，不知道出了什么事，急忙点灯一看，我的老天爷！地上躺着个满脸是血的死人。这男的是个书生，没经过事，他哆哆嗦嗦仔细看了看，认出是"母老虎"的贼男人，心里马上明白了，更吓得两眼发直：

"这下咱家要完了。"

媳妇忙问:"又不是咱杀了他,你干吗这么怕?"

男的就把他们夫妻平时的为人情况说了一遍,媳妇听了问:"你敢肯定是那个贼吗?""那还有假,扒了他的皮我也认得。""我有办法。"说着,媳妇压低嗓音对男的这样这样交代一番,男的听了连忙点头。

小两口把炕尾巴上放的箱子搬下来,拿出里边的东西,把小偷的死尸放进去,盖上盖,抬上箱子放到"母老虎"家门口,还故意轻轻敲了三下门。"母老虎"睡得迷迷糊糊,听见敲门声,以为男人发财回来了,高高兴兴,急急忙忙开开门,一看有个大箱子,更高兴得没法。心说:还是俺当家的有本事,弄回一箱子好东西!她四下看不见人,心想准是今天顺手,又偷第二回去了。就一人费了九牛二虎之力,把箱子鼓捣回屋,坐下等男人回来。没想等到天明不见人影。又等了一天,还是不见人影。"母老虎"着了急,这箱子偷得嘛东西呀?她把门插上,打开箱盖:"哎哟,娘啊!"一声尖叫瘫在地上。到底是妇道人家,别看平时乍乍呼呼的,这回可怕了。再仔细看看,正是他当家的,"你这是偷人家谁的?倒把你赔进去了?""母老虎"气得咬牙切齿。她什么时候吃过亏?"不行,我得告状去!"说去就去,"母老虎"拍屁股就走,刚到院里,又一想:"我到大堂上告谁呀?人家一问,还不是一锤杵了两个门牙——没话说!"

想到这里,她只好不声不响地把丈夫埋在了院里。这就是恶人们的下场!

十、扫帚破案

清朝乾隆年间,一个城镇有一家大买卖。这一年年底结账时,钱突然失踪了,管账的先生倒在了血泊里。

这家买卖是个杂货铺,掌柜的姓高叫茂财。他寻了个二房姓严,二房媳妇有个兄弟叫严小鼠,这个人吊儿郎当,流里流气,不学一点材料。姐姐就跟高茂财商量说:"你看我兄弟,每天在外浪荡,不如让他在这儿干点杂活,混碗饭吃,你说如何?"茂财一听,他是自己的内弟,这怎么不行?

让他来吧。

严小鼠来到高茂财家,仗势姐姐是高家的媳妇,不好好干活儿,这还不算,今天在里头拿点这卖了,明天拿点那花了。为这,不多时叫高茂财把他掐了。

高茂财家有个小做活的,才14岁。小子长得细皮嫩肉、欢眉饱眼的,说话文质彬彬,挺讨人喜欢。年底结账时,掌柜的就派他帮着先生点钱。这天正忙着,他爹来了。他爹以卖卤鸡为生,今天进城打了把刀,顺便给小子带了几件衣裳。

父子俩见了面,亲亲热热说了会儿话,他爹手里拿着刀没处搁,顺手搁到个茶几上,喝了碗水,急急忙忙走了。

他爹前脚刚走,严小鼠来了。眼看快过年了,他手里分文没有,来找姐姐要钱。姐姐不认她这个兄弟,没法子,他到账房找姐夫来了。

茂财在一旁坐着,抬头见是内弟,就问:"有事?"

严小鼠支支吾吾地说:"没事,就是缺……缺俩钱。"

"你在这儿拿钱不少了,这么着吧,叫你姐姐给置身衣裳,过年的东西都在我这儿取,钱不给你了,有多少也供不起你!"

小鼠听了气得把脚一跺,眼睛一翻,说:"好你个铁公鸡,一毛不拔,咱们走着瞧,我什么也不要你的,离了你照样能活!"说完气汹汹地走了。

小鼠回到家,往炕上一趟,眯着眼睛想开事了:"哈哈!过年呀,我借你俩钱都不给,什么给身衣裳,给点年货吧,我看起你这个?你给我弄难看,我得给你个小鞋穿。"

这天半夜,小鼠起来想偷偷从后门进去弄点钱,墙高翻不过去,他长得瘦小,就从狗洞里钻进去了。

他蹑手蹑脚地往里走,来到账房,用手一推门,开着呢。家里买卖大,和衙门都有来往,一般小偷不敢惹,先生没弄门。这可好,他顺顺当当进了屋。

先生呼呼睡得正香,他往桌上一摸,"哈!净是钱。"正好旁边有块布,他想用这块布当包袱把钱包走。刚一铺布,先生醒了,一睁眼看见地下有个黑影，就喊："谁？"

小鼠一扭脸，看见茶几上明晃晃有把刀子，抄起来，一蹿过去，抓住先生："别动，要喊我宰了你！"

先生心想："他要杀了我，我没的可怨，钱要是被偷了，还不把我冤死？"他往起一蹿，小鼠一刀下去，正插在嗓子眼，一声没吭就死了。

茂财每天早早起来，到处转转。转到后门，门开着哩，谁这么早把门打开了？一问家人都说不知道。莫非先生开的？他扭头往账房走，到屋里一看，先生在那躺着变成一个血人了，又一看桌子上的钱少了很多，立时就喊："来人！杀人了！"

这一喊，大伙呼呼乱往屋里跑。帮先生点钱的小子，正在茅房解手，听见喊声，提着裤子就跑，跑到院里，正好他爹来了。无巧不成书，他爹来干什么？昨天回去一做活，发现刀子丢了，一大早又取来了。

"爹，你怎么来了？"

"我拿刀来了。"

小子把手一摆："赶紧走，别拿了，这儿出事了。"

他爹一听，扭头往外跑。

这一跑，屋里听见了。茂财连忙出来问："你跟谁说话？"

"我……"

小孩没经过事，他这一吭哧，茂财更怀疑，把眼一瞪："你照实说来！"

"我爹来了。"

"他来干嘛？"

"拿刀来了，这一出事，我让他赶紧走了。"

茂财一想："昨天就他看见点钱来，凶手不是他是谁？"二话不说，立时上衙门告了状。

县官派仵作一验尸，就是那把刀扎死的。派人把小子他爹抓来了。

一审问，老头一口咬死："我没杀人，我是一个做买卖的。"

"刀你认识不？""啪嚓"一扔，老头一看傻眼了，就是他丢的那把刀。

这是怎么怎么回事。老头说完还是一口咬定没杀人。

"不打不招,动刑!"

一动刑还是不招。"动大刑!"一动大刑受不了了,屈打成招,不仅承认了是自己偷的,而且还说了是自己怎么怎么偷的。尽管说得漏洞百出,可没有第二个人,就画了口供,押监入狱,判了死刑。

欠债还钱,杀人偿命。这一天要处斩他,人拉到城外,绑在桩橛上,一到午时三刻人头就要落地。看热闹的围了里三层外三层,风雨不透。

正在这时,一匹快马哗啦啦来了。走到这儿看见这么些人,下马一问是斩人的。这人把人群一拨来到县官跟前说:"大人到!"

大人是谁?三下江宁府的刘大人刘墉,他来到这地方要落脚歇息。

县官一听说刘大人到,哎呀,怎么偏偏这时候到?人不能斩了,得迎接大人,急慢了有杀头之罪。

把刘大人迎到衙内,摆下了酒宴。县官说:"小人迎接大人迟了一步,望大人多多包涵。"

"我来问你,听说你们正斩人,斩的是什么人?"

"一个杀人犯。"

"杀的嘛样人?"

县官把杀人经过谈了一遍,刘大人听了说:"拿来状子我看看。"

一看状子跟他说的一模一样,刘大人见多识广,觉得案子有点糊涂,就说:"这里头有的地方不明白,我要亲自升堂审问。"

刘墉是朝廷的大官,谁也不敢阻拦,立时就升堂,把小子他爹提了出来。老头一见大人,"扑通"跪下了。

刘大人问:"下跪之人可是杀人犯?"

"是。"

"你是怎么杀的?拿了多少钱?"

他怎么怎么一说,里边提到掌柜的高茂财。立时又把茂财传来,叫他说了说没钱的前后经过。

刘大人听了问:"他们点钱,还有别人见过吗?"

"还有一个是我的内弟严小鼠。"

"把严小鼠提上来。"

工夫不大，把严小鼠带到大堂。刘大人一看他长得尖嘴猴腮，鹰鼻子鹞眼，心里就腻歪。再三审问，他就是不承认。

"好，既然如此，我就在大堂把案审清。把那天早晨干活的人都传来。"

人一到齐，刘大人看见大堂下有把扫帚，对手下人说："去，给我拿那把扫帚来。"有人拿来给了他。

刘大人数了数那天早晨干活的人，连上掌柜和严小鼠、小子他爹共28个人，他就折了二十八根扫帚枝，一寸多长，一般般齐。说："这事老天爷已经对我说了，凶手就在你们当中。你要当场说了，免你无罪。不说，叫我把你提出来，当场兑命。有人说不？"

这个说不是我，那个也说反正不是我。严小鼠心里话："反正我不说，你们也不知道，甭来这一套吓唬我，我才不怕哩！"

"没人承认，来，一人领一根扫帚棍，拿了不能溜，不能说话，到下边去。"

领完扫帚棍，刘大人又说："大伙都听着，谁拿的哪根棍我都记着哩，谁拿的棍长就是杀人犯。今天要对比这根棍，听清了不？"

"听清了。"

"来，交棍。"

一说交棍，严小鼠好比一口吞下二十五个小老鼠，百抓挠心："我的老天爷，别叫我拿着长的。妈的，莫非我这根就长，趁早我折一截。"他"咔嚓"折了一截并偷偷一扔，交去了半截。

刘大人把棍一比，都一般长，到了严小鼠这一比短了，就把桌子一拍："严小鼠！你照实说来！这上边早记上你了，你看看为什么就你这根短？"

"大人，你不是说哪根长就是吗？"

"胡说八道！你做贼心虚，再不招把你寸骨砸折，来，动刑！"

一说动刑，严小鼠"扑通"跪下了："别动，我招！"

他就原本实际一说，交代了个清清楚楚。案破了，冤案昭雪，斩了严小鼠。

第九章　靳景祥讲述的谜语、歇后语精选

故事家靳景祥在整理、讲述故事中,亦时常注意收集、整理谜语或歇后语。现遴选部分以飨读者。

一、谜　语

三两瓢,四两消,
大哥张着嘴,二哥罗锅着腰。
　　　　　　——油、盐、花椒、虾

小的小大的大,一家人不说话,
大的坐着起不来,小的站着坐不下。
　　　　　　——神像

天上人间一美人,十五十六正青春,
二十四五得了病,三十一上命归阴。
　　　　　　——月亮

嘴大肚里空，敢吃火饼钉，
一日见了肉，咬住不放松。
　　　　　　　　　　——拔火罐

一头有毛一头光，往上一提流白汤，
男人离了还好过，女人离了想得慌。
　　　　　　　　　　——炊帚

远看像张锄，近看用纸糊，
秤秤没四两，压得直啼哭。
　　　　　　　　　　——引魂幡

弟兄俩，一条心，黑夜合，白天分。
　　　　　　　　　　——门

一个光棍光又光，常陪小姐在绣房，
见过一些好媳妇，穿过好多新衣裳。
　　　　　　　　　　——针

一个软来一个硬，软的倒把硬的弄，
十七八的弄得准，越老越打蹭。
　　　　　　　　　　——认针

兄弟五六个，围着柱子坐，
一旦要分家，衣裳都撕破。
　　　　　　　　　　——蒜

青竹竿，挑绿瓦，为了孩子娘挨打。
　　　　　　　　　　——芝麻

一个庄稼汉，整天讲究干，
耕地又拉车，从来不埋怨。
　　　　　　　　　　　　　——牛

山伯英台同书房，日同茶饭夜同床，
今世不能成双对，转世还魂配成双。
　　　　　　　　　　　　　——蚕

有头无颈，有眼无眉，
无脚能走，有翅难飞。
　　　　　　　　　　　　　——鱼

青枝绿叶不是菜，有的烤来有的晒，
只能烧着吃，不能煮着卖。
　　　　　　　　　　　　　——烟叶

小时青，大了黄，石头底下脱衣裳，
琉璃盆里打个滚，大铁盆里闹一场。
　　　　　　　　　　　　　——小米

脚蹬两块板，手打莲花落，
不说也不笑，越打越热闹。
　　　　　　　　　　　　　——织布

日行千里不离房，恩爱夫妻不久长，
肚里怀胎不生子，生下子来不叫娘。
　　　　　　　　　　　　　——唱戏

一物生的奇，越洗越有泥，
不洗倒能吃，洗了吃不的。
——水

看不见摸不着，天上地下到处跑，
夏天来了人人爱，冬天碰见人就恼。
——风

一物生的强，一头毛一头光，
入到嘴里流白水，拔出来冒白汤。
——牙刷

二、歇 后 语

十字街拉犁——耿（耕 jing）村
宅神爷打哈哈——土里土气
胶泥块子压饸饹——土条子
城墙上耕地——一溜土
粪叉子改畦儿——漏土
瓦罐里打坯——土蛋子一个
沙土窝里放炮——土崩子一个
姜太公卖面——正走背运哩
灶王爷上天——好话多说
吴三桂吃高粱——受了云南大罪
卖香油的敲锅盖——好大的牌子
俩寡妇在一个被窝里睡觉——谁难受谁知道
看戏的掉泪——替古人担忧
他妗子守寡——没救（舅）了

原河北省委副书记李文珊亲切接见靳景祥（肖政摄）

老公公背儿媳妇——费力不落是

骑自行车谈恋爱——男女平等

拜了天地往娘家跑——糊涂人儿

猴子吃杏——看你这个酸劲儿

老母猪喝泔水——尽吹大泡

猫头鹰落在井架上——鸟虫不强架子不小

孔老二搬家——净输（书）

兔子枕着鸟枪睡——找死哩

老鼠钻书箱——咬文嚼字

老鼠拉木锨——大头在后边

王八看绿豆——对眼了

大年三十拾了只兔子——有它能过年，没它也能过年

二月二的咸食——多摊

撅着屁股看天——有眼无珠

秋后的蚂蚱——一对一对儿哩

百家姓上打滚——不知姓嘛好

嗑瓜子嗑出臭虫来——嘛人（仁）都有

肚皮上切菜——穷得连块板都没有

袖筒里秀棒槌——直出直入

沙锅子捣蒜——一锤子买卖

凉锅贴饼子——出溜了

阳泉的小车——倒霉（煤）

豆腐掉在灰里——打不得又吹不得

走道唱小戏儿——必定心里乐

吃冰棍拉冰棍——顽固不化

墙上挂帘子——没门

抱着土坷垃亲嘴——闻土香哩

隔着窗户吹喇叭——名（鸣）声在外

被窝里打伞——支不起架

腊月里生日——动（冻）手动（冻）脚

猴戴草帽——充人哩

罗锅上山——钱（前）紧

老太太吃柿子——专拣软的捏

屎壳郎掉到驴槽里——充什么大个黑豆

屎壳郎落到粪堆上——回了老家

门头上吊斧子——露头就是一侃（砍）

袄袖里秀斧子——出来就是一侃（砍）

小胡同里赶猪——直来直去

西瓜皮钉掌——不是料

光屁股上房——对不起四邻

飞机上挂暖壶——高水平（瓶）

棉花垛着火——烧包

骑驴看唱本——走着瞧

夜壶镶金边——好嘴口

大闺女坐轿——头一回

狗咬泡沫——空欢喜

王八生子——龟孙

老年的日历——翻不得

丈母娘待女婿——实心实意

老虎头上蹭痒痒——找死

懒老婆串门——话多屁股沉

芝麻掉到针鼻眼里——巧极了

小孩画画——糊（胡）涂

光着屁股推碾子——转遭丢人

上厕所里坐轿车——抖劲

霜打的茄子——蔫了

靳景祥走在耿村故事路上
靳景祥为普查队员讲故事（樊更喜摄）

第十章　亲友和乡邻眼中的靳景祥

越讲越多的故事，带来越来越大的影响。当越来越多的中外专家学者慕名登门拜访靳景祥，各种媒体的新闻记者像发现金矿一样纷纷大篇幅报道靳景祥的事迹及其讲述的故事时，靳景祥的名字被越来越多的人知晓。于是，耿村有个讲故事的农民成了名人的消息，犹如滚动的春雷，给村庄带来光彩，也给靳景祥个人赢得种种光环。

一、老伴眼中的靳景祥

靳景祥的老伴叫李银果，出生于1925年，比靳景祥大三岁，是晋县李家庄一户殷实人家的闺女。在婚姻遵"父母之命，媒妁之言"的时代，能被靳家选中为儿媳，不仅因为李银果长得漂亮，善良能干，还在于农村有"女大三，抱金砖"之说。由此可知，靳景祥的父母为了儿子的终身大事是何等的用心良苦。

李银果从18岁嫁到靳家，如今与靳景祥已风风雨雨走过了63年，为靳家生育五女二男。说老

两口在几十年生活中从没红过脸有些过誉，但他们确实恩恩爱爱，感情深厚。别看八十多岁的人了，只要提到老伴靳景祥，她仍旧两眼有神，满脸的幸福。提到当年做新娘用花轿抬到靳家的情景，她羞涩地说："俺们那时岁数小，啥都不知道，一切全凭父母做主。结婚头一天晚上，俩人脸红的谁也不敢看谁，他钻进自个被窝一觉睡到天亮，一句话也没说。第二天晚上，是我主动找话说，他才开始答腔。"

李银果的姥姥家与靳景祥的姥姥家在一个村，都在晋县袁头村。那时候靳家家境比较富裕，家里有两匹高头大马，靳景祥的娘每次回娘家都骑马，马背上还驮着个半大小子，就是小景祥。"嗒嗒"的马蹄声引来村里人羡慕的目光，人们悄悄议论："靳家可真是个好过

侯果果的故事逗得外宾哈哈大笑（林青摄）
靳景祥给乡亲讲故事（张罗义摄）
靳景祥与二女儿在一起
靳景祥与老伴李银果

主!"李银果的爷爷是个医生,听她姥姥讲了靳家的情景,看上了靳景祥家的光景,就托媒说亲。李银果回忆说:"那个年代谁家都想给闺女找个不缺吃穿的殷实主,下花轿上了炕才知道男人长的什么样,感情全靠婚后慢慢培养哩。"

李银果说起过去的日子记忆犹新:

娶我那年,日本鬼子还在,俺们村口有个炮楼,花轿不敢从那儿过,只好提前赶到南明村亲戚家。南明村离耿村很近,只有二里路,趁着黑夜花轿来了,天刚亮就到了耿村。提到这事我就恨日本人,一生就结一次婚,不敢光明正大风风光光出嫁,偷偷摸摸像做了见不的人事似的。

旧社会讲究嫁鸡随鸡、嫁狗随狗。靳景祥小俺三岁,人虽长得出息、精灵,干农活不行,一会儿学说书,一会儿学厨子,闹鬼子给八路军送信,俺都认,谁叫俺是他媳妇哩。

平分土地时,靳景祥家被划成了富农成分,家里房子、土地一夜之间几乎全没了,六七口人只有三间破房。1963年"四清"时家里又一次塌了天,所有值钱的东西全被工作组拿走,一家十来口人就剩两床被子。家里上有老,下有小,为了活命,俺只好挎个篮子出去讨要。孩子他爹为了不连累我,当时提出了离婚,我不同意,说:"你这叫什么话,进了靳家门,就是靳家人,受再大的苦我也愿意和你在一起。"

靳景祥那时也想出去讨饭,但一个大男人实在抹不开脸。只好靠老伴讨饭度日,又觉得对不起她,男人养不起家那是耻辱呀。为了妻子不受连累,靳景祥想到了离婚,他偷偷跑到晋县丈人家说:"我家是填不满的坑,这日子啥时候是头呀,让孩子他娘再找户好人家吧。"妻子李银果知道了,追到家对父母说:"俺看中的是他这个人,他心地善良,聪明能干,对我知冷知热,一个心眼扑在我和孩子身上,成分不好又不是他的错。再说了,东西算个嘛,孩子们长大了会挣吧!"患难见真情,靳景祥想用离婚的办法解除妻子的痛苦，没想到妻子对他更好了。

李银果说："他这辈子，吃过讲故事的亏，也沾了讲故事的光。全家人揭不开锅的时候，他还讲笑话哩，逗得孩子、大人都笑，吃糠咽菜也不觉得苦。街坊邻里说他'穷乐呵'，其实是用乐掩苦哩！人们称他是故事家，俺看他还是他。"话锋一转，意味深长地瞧一眼靳景祥说："现在我干活不中用了，是他在伺候我呀！洗衣做饭、挑水、买菜全靠他了。嫁给他是我的福气，这一辈子有这样一个好男人我知足！"

二、女儿眼中的靳景祥

靳书俊，女，在靳家排行老四，1955年生，不识字，与本村人结婚，两个儿子均已成家。靳书俊是个心直口快、利索能干的人，别看她不是靳家的老大，没出嫁之前可是家里的顶梁柱，几个姐姐出嫁后，家里的大事小情都由她帮父母操持。

提到父亲和故事，靳书俊说："俺爹就喜欢瞎讲达，三里五乡的人都知道他爱讲瞎话。小时候饭桌上经常给我们讲孝敬老人的故事，有时候我们调皮不听话，他就在晚上讲鬼怪惩恶故事，吓得我们不敢上厕所。每到这时候，孩子们就不敢调皮捣蛋了。"

"从俺记事起，我爹就戴着'四类'分子的帽子，压得全家人出来进去都抬不起头来。有时候他在外边'挨批斗'受了气，回家难免冲着我们发火，每当这时，我们都理解他，从来不吭声。俺爹脾气不挤（不好），但他讲理，主公道敬乡邻，宁肯委屈自己也不沾外人便宜，是个通情达理的人，我们兄妹几个都打心眼里尊敬他。这些年岁数大了，日子好过了，脾气也变好了。人老心不歇，经常到田里转悠，看看谁家的庄稼该浇水施肥了，谁家的地该锄草动土了，回来立马一家一家地提醒人家，邻里都说他是个闲不住的人。"

因为富农成分，靳景祥及其家人在"四清"、"文化大革命"中受到伤害，留下噩梦般的记忆。与他们谈话，只要涉及这段经历，他们总要讲到过去受到的屈辱和不公。

靳书俊说："我十几岁开始在生产队挣工分，因我们家是富农，干同样的活，工分却比别人挣得少。有一年夏天打麦子，别人是两个人一组，让我一个人一组。我一人干两个人的活，一会儿就累得满头大汗，心想：'都是生在新社会，长在红旗下，为什么我就低人一等呢？'想着想着就放声哭起来。我这一哭不要紧，可闯下祸了。队长知道了这件事，第二天就开批斗会。问我：'你为嘛哭，为家里的事还是打麦子的事？'长期憋在心里的委屈终于压不住了，我气愤地顶撞：'你吃河里水了，管这么宽！'当着众多社员，队长下不了台，便恼羞成怒，说：'好，敢叫板了，我停你的活儿！'立即让我停工回家了。"

靳景祥知道了这事，含着泪花安慰女儿说："都是我连累了你们，爹对不住你们呀！"然后给女儿讲了个《人在屋檐下哪能不低头》的故事，又讲了《吃苦是福》、《磨练成佛》的故事，硬是用故事把女儿心中的委屈和气愤化解

故事夫妻张才才和侯果果在地头讲故事

了。书俊歇了半天，下午又去出工了，为了一家人的生计，歇不起呀。

靳书俊说："在那个是非不分的年代，到哪去说理呢！要说委屈和苦，全家人没有哪个比俺爹更委屈、更苦了。'文化大革命'当中天天挨批斗，干的活比谁都重，可在孩子们面前还要强装笑脸，说开心话。他心里呀，那才叫苦！按说他一不偷，二不抢，没剥削过人，没犯过法，没做过坏事，小时候还为八路军送过信，受到这样的待遇，真是死的心都有哇。但他挺过来了，因为他知道他是一家之主，不能有闪失。躺在炕上睡不着，他就回忆故事，想故事里的忠臣良将，想恶有恶报、善有善报的家常理，想着想着就睡着了。有一回，俺娘看他又扑闪着眼望着房梁发呆，说：'你都累成一把骨头了，还想啥哩，快睡吧。'俺爹笑笑说：'傻老婆，你知道啥，俺要是每天不想瞎话里讲的那些人和事，早就变成死鬼了！'娘听了，抱住他就哭成了泪人儿。"

靳书俊抹把泪花说："过去的事就别再提了。自从打到'四人帮'，我爹摘了帽，又赶上了改革开放的好日子，俺家的日子才芝麻开花节节高。现在平等了，想说啥就说啥，真没想到，能过上这样舒心的日子，不愁吃、不愁穿，没人给气受。我爹这一辈子总算没白活，他搜集了一辈子故事，也讲了一辈子故事，如今受到上级的重视和人们的尊重，他总算找回了做人的尊严！"

三、儿子眼中的靳景祥

靳夫堂，是靳景祥的第六个孩子，男，1957年生，小学文化水平，有两个女儿，现在晋县彩印厂打工。

谈到靳景祥讲故事的事，靳夫堂很自豪。他说："别看俺爹斗大的字不识半升，在讲故事方面水平不低。他脑瓜灵活，思路清晰，表达力强。他若是读书识字有文化，没准成了大作家呢。这些年，本省的、外省的、国外的经常有人专程来家里听他讲故事。他对谁都笑脸相迎，热情接待，不图任何报酬，有时还留客人在家吃饭。"

"他这个人无论干啥事,都特别投入。我觉得他故事讲得好主要有两个原因:一是他发自内心的待见这个,从小到大喜欢听、喜欢讲,故事已经是他生活的一部分了;二是在讲故事上舍得下功夫,没事的时候他就琢磨怎样才能讲得更好,老人们喜欢听什么?年轻人喜欢听哪些?小孩的口味是什么?肚子里的故事有的缺头少尾,怎样去弥补让它有头有尾完整起来。"

靳夫堂还告诉笔者,靳景祥从藁城饭店退休后,为了在经济上不给孩子们添麻烦,他还与老伴摆摊做小买卖,在集市上卖花椒、大料等杂货。后来,普查组经常来找他采录故事,普查组的工作人员都是从外地市、县抽调来的,来一趟不容易,为了配合上边的工作,他干脆不做买卖,一心一意在家讲故事。一个农民,讲故事既不能挣来吃又不带来穿,能做到这点,真让人对他肃然起敬,刮目相看。

靳夫堂对父亲靳景祥被国家授予"中国民间文化杰出传承人"称号很自豪。他说:"俺爹喜欢讲故事,我们都支持他。别看讲故事不挣钱,还得搭工夫,好为乐嘛!他一辈子不容易,只要他高兴,愿意干嘛就干嘛。啥叫孝顺,既要有孝心还要顺着老人的心思。只要他心里乐和,精神舒畅,我们做儿女的那是求之不得。"

四、同行眼中的靳景祥

靳景祥一生经历多,朋友也多。他人品正直,虚心好学,敬重邻里和长辈,热心助人解纠纷,在当地民众中极有威望。笔者采访了不少他的朋友,这里只介绍在村里与他一块讲故事的几位故事家对他的印象和评价。

张才才评述

张才才,男,1930年生,不识字,河北省著名大故事家,和女故事家侯果果被誉为"夫妻故事家"。张才才比靳景祥小两岁,年轻时两人曾一块在本村秧歌班唱戏,才才扮演老旦,靳景祥扮演老生。张才才喜欢叫靳景祥的小名——小碗。说起小碗这个人,他如数家珍。

小碗讲故事，有头有尾，上下连贯，好听、好懂、好记。他大伯当年说西河大鼓，强哩很！小碗受家庭影响，口才好，会表演。无论在什么场合，不害臊，不怯场，大大方方，这是其他故事家比不了的。我听过他讲的《女娲补天》、《康熙私访》，跟别人讲的不一样，他讲得最好。

别看小碗文化不高，斗大的字识不了半升，但他确实是个有文才的人。我们年轻的时候在剧团唱戏，对扮演的角色，师傅怎么教就怎么演，小碗总有自己的想法，他认为不太满意的地方就添加点内容，常常得到师傅的夸奖。在讲故事方面，他不愧是国家级的水平，是我们学习的榜样。许多故事家怎么趸来（听到）怎么卖（讲），中间有遗忘的内容也不善于补充。小碗就擅长把故事讲得圆满、生动，而且严丝合缝，不留痕迹。比如他讲的《藁城宫面的来历》，在藁城饭店时听书法家李效鼎讲过几个大概情节，缺头少尾的，内容不多，经过小碗的适当加工，《藁城宫面的来历》内容丰富、曲折有趣，上下连贯，成为一篇非常好的故事。

靳满良评述

靳满良，男，1945年生，耿村人，著名故事家。采访时，他感慨地说：

要说故事多，靳景祥赶不上俺村的靳正新，但要说讲得好，耿村没人能比上靳景祥了。他这个人天生就是讲故事的料，同样一个故事，让他一讲就生动爱听。别人是用嘴讲故事，听来什么就贩卖什么，而靳景祥是用心在讲故事，那故事里边有他的情感和理解。他在背后下的功夫大了，听他媳妇说，为了讲一个故事，一琢磨就是小半夜。靳景祥这个人嘴很干净，从没讲过乱七八糟的东西。他讲的都是忠臣良将、贤妻良母、孝子巧妇，听他讲故事，实际是受教育哩，教人学好哩。

靳言文评述

靳言文，男，1928年生，耿村医生，著名故事家。他说：

靳景祥这个人很随和，跟谁都能谈得来，村里老的少的都愿意与他来往。虽说他不是干部，邻里谁家有了不和的事，都爱找他去说说，去评理。他不像有些人，上来就是你对他错，而是用故事里的人和事打比方，你别看这招不起眼，说得办错事的人直点头，说得满肚子委屈的人不流泪了，说得火冒三丈的人心平气和了。他是热心肠，谁家有了红白喜事、难事都帮忙，整过他的人也不记仇，人做到这个份上，大家都得给他面子不是。再说了，人家说得是理呀，活着的人总不能不如故事里讲的人和事吧。用一句话说吧，靳景祥这个人表里一致，一辈子做好事。有人说，讲故事的人都是说给别人听的，我看靳景祥也是讲给自己听的。他讲故事，也是故事里的人，好多故事讲的人和事都是他对人生经历的总结。依我看，靳景祥的故事，讲的是心里话，每个情节带着他自己的感情呢。人们喜欢听他讲，就是喜欢他讲的情和理。

在耿村调查中，涉及对靳景祥评价的话很多。由于篇幅限制，无法在这部书中都呈现给读者。但是，在亲人、邻里、同事和乡亲们的眼中，靳景祥是一位深受尊重的长者，一位深受爱戴的故事讲述家，更是一位充满血肉和情感的亲人。他们为他在讲故事方面的成就自豪，为他给这个具有600年历史的村庄带来荣耀而感激和钦佩。

我衷心祝贺这套书的出版。因为它不仅保存了耿村这一地区民间文学的资料，也对中国民间传统文化增保了一笔可贵财富。

九十老人
钟敬文
1999.10.26.

第十一章　故事村中的"故事"

耿村民间故事于2006年6月入选中国国务院公布的第一批国家级非物质文化遗产名录，耿村成为"中国民间故事第一村"，现摘选几个故事村中的"故事"与大家分享。

一、张老连挨打

抗日战争期间，日本鬼子让耿村老百姓在村子四周挖了条大沟，东、南、西、北四个角修四个炮楼，还在村里成立了常备团，晚上轮流站岗，目的是不让八路军进村。

那时候八路军的装备还不行，想把常备团手中的枪弄来几支。常备团的人大都是本村人，当然和八路军一条心，他们和八路军联合起来演双簧戏。到了晚上，让八路军把枪和子弹统统拿走，然后再用绳子把站岗的人捆绑起来，说八路搞袭击把枪抢了。鬼子没办法，只好对站岗的人下毒手，让他们交代八路军是怎么来的，到哪里去了，长得啥样。

一次,爱讲故事的张老连被抓了起来,问什么他也不说话。小鬼子开始动武了,用子弹头拨他的肋条,张老连哈哈大笑,说:"好舒服,好舒服。"气得鬼子用皮鞭使劲抽他,用枪把戳他,"乒乓"一顿猛揍。然后,再审讯张老连:"你见到八路了吗?"

"没有。"

"你干什么去了?"

"白天拾柴禾,晚上磨豆腐,熬得两眼像猴屁股。"

都什么时候了,他还有心思开玩笑。小鬼子哭笑不得,又一顿皮鞭,打得张老连死去活来。无论怎么打、怎么问,他还是那句话:"熬得两眼红又红,俺啥也看不清。"

二、讲着故事升天堂

故事家侯果果祖籍晋县,她的爷爷那辈在耿村做买卖落

国家颁发的非物质文化遗产保护项目证书(张罗义摄)
靳景祥与徒弟靳清华
孙胜台在讲故事
靳景祥与徒弟靳春利

户这里。爷爷、父亲都擅讲故事，是远近闻名的"瞎话篓子"。

新中国成立后，侯果果的父亲侯占奎迁回晋县老家，侯果果留在耿村姥姥门上，长大后嫁给张才才。侯果果喜欢听故事、讲故事，和父亲脾气相投，感情很深。

侯占奎临去世前几天，侯果果去看他，他不愿意让女儿走，可侯果果家里有吃奶的孩子，不回去不行啊！回来第三天，娘家捎信来，说爹想她了。侯果果觉得奇怪，刚回来怎么又想了？就赶忙去了。爹高兴得很，让侯果果和他吃一锅饭，给她讲东讲西。晚上，爹让女儿睡在他的炕上，说："我给你讲笑话，愿意听不？"侯果果说愿意听。他不知哪来的一股劲，讲起来就不停了。中间，还不时地问："果果，还听不？"侯果果说："听。"一会儿又问："果果，睡着了？"侯果果说："没哩。"他就接着讲，一直讲到了鸡叫。原来，他觉得自己快不行了，是在尽兴，有意让女儿来听的。

第二天早晨起来，侯果果叫了声爹，没答应。侯占奎带着他未讲完的故事永远地走了。

三、忘了下火车

2006年10月20日，耿村的靳景祥、张才才、侯果果、靳清华、靳春利等一行10人，应中央电视台《夕阳红》栏目邀请，专程到首都北京做节目。

火车上，他们和两个新疆人坐在了一起，互相聊上了。新疆人问："你们去哪里？"

"去北京。"

"做什么生意？"

"我们不是做买卖的，是到中央电视台讲故事。"

新疆人听他们这么一说来了精神，说："讲故事还能登上中央电视台？能不能在火车上讲一段，让我们见识见识？"

爱说爱笑的侯果果接过话茬说："这有什么难的，还不是张飞吃豆芽——小菜一碟。"

年轻的故事家靳清华说："俺们耿村的故事那是隔着窗户吹喇叭——名声在外，还不是手到擒来，我先讲。"

靳清华讲了笑话《县官找高才》，靳景祥接着讲了人物传说《杨六郎大战白石精》。故事家们你一个我一个轮番讲上了。不知不觉中火车到了北京，侯果果讲的《兰桥断》正在高潮，新疆人本来应该在涿州下车，这下傻眼了。那个女的说："大姐，反正我们也坐过了站，你接着把下边的故事讲完吧。"

负责领队的藁城市文体局领导赶紧出面说："不能再讲了，外边接站的还等着呢，欢迎你们有机会到耿村做客听故事。"

两个新疆人恋恋不舍地下了火车，并说抽时间一定到耿村去。

四、小仓看戏

以前，耿村有个人叫曹小仓。说他傻吧也不傻，说他俏哩断不了来几句二不愣子话。有一年，束鹿县唱大戏，他和村里几个人搭伴去了，唱的是《桃园三结义》。小仓大字不认识一个，也不知道唱的是嘛，看了一会儿热闹就回来了。

一进村，有人问他："仓，看戏去了？"

"看了一场。"

"唱的是嘛？"

"唉呀，那戏可强了。"

"唱的嘛呀？"

"一开始，出来几个人，他们穿着大衣裳，带着大帽子，每人还打着一面旗，往两边一站，接着又出来一个白脸的，带着长胡子，往上边一坐，指手画脚地唱开了。不大一下，又出来一个花花脸，又蹦又跳，喊叫了一番子。又出来一个红脸的，光着膀子打跟头，好热闹。一会儿，仨人在桌上喝起了酒，喝着喝着打开架了，丁丁咣咣，打了一阵子，仨人又和好了，一个个都进去了。这戏也就散了，俺们就回来了。"

没等小仓说完，大伙笑得弯下了腰。

五、张才才演戏

张才才很会讲故事，也会演戏，尤其适合扮演大彩旦老刁婆。有一年，村里组织了一个戏班子，徐大汉编戏，本村人演戏，其中就有张才才。

徐大汉根据本村一个生活原型编了一个刁婆婆虐待儿媳妇的戏，让才才扮演戏中的刁婆婆。张才才也不推让，穿上行头，画上脸，只见他把嘴一撇，眼一瞪，脸往下一耷拉，活生生一个老刁婆形象，把在场的人们笑得捂着肚子，前俯后仰。

有一回，戏班到一个村演出，看戏的你拥我挤。锣鼓一敲，人们马上静了下来，都睁大眼睛盯着戏台。大幕拉开了，只见炕上盘腿坐着一位老太婆，嘴里叼着根长杆大烟袋，仰着下巴颏儿，吧嗒吧嗒地抽烟。一会儿，老太婆用沙哑的嗓子喊："二小他娘，快来沏茶！"只听屋里应了一声，出来一位样子很温顺的小媳妇。这是老太婆的儿媳。她端着瓷壶瓷碗，走到炕前倒上一碗茶水，头也不敢抬起，轻轻地说了一声："娘，喝水吧。"说完，要把碗递给老太婆。哪知老太婆全不理会，眼瞅着屋顶，嘴里还吧嗒吧嗒地抽烟。儿媳妇端着碗站在那里，也不敢吭声。这时，台下人群中有人小声指责老太婆刁难人。

又过了一会儿，儿媳妇说："娘，您用茶。"老太婆又没言语，只把手往前一伸，想让儿媳把茶递到她手里，不料一下碰到了碗上，热茶溅在儿媳手上。儿媳妇手一松，碗"叭"的一声掉在地上，摔得粉碎。老太婆见碗摔碎了，破口大骂，一边骂，一边用烟袋杆往儿媳妇的头上打去。儿媳的头上重重地挨了一下，也没敢吭声，两眼噙着泪花，一动不敢动。台下有人实在忍不住了，大声叫起来，纷纷为儿媳鸣不平。有个正在吃鸡蛋的老婆儿，看到这情景，一气之下，将半块鸡蛋投在台上老刁婆的怀里。人们看见了，"轰"地一下笑了。有的拍着巴掌说投得好，投得好。

随着剧情的发展，老太婆对儿媳妇的刁难越来越厉害。当演到老刁婆用鞋底痛打跪在地上的儿媳妇那一节时，突然有几个妇女跳上台来要与老刁婆论长短。戏班的人一看事情不好，赶紧把幕闭了。

戏散了。这时，有几个人仍不肯离去，来到后台安慰那个受屈的媳妇。张才才卸了妆走过来，人们都恶狠狠地瞪着他，没人跟他搭话。临近中午，几个人你来我拽地让扮演儿媳妇的演员到她们家去吃饭，就是没人理张才才。张才才的肚子虽然饿得咕咕叫，可心里却甜得像吃了蜜，因为他演出成功了。

六、傻花子砍树杈

抗日战争时期，耿村有个人叫傻花子，不知怎么他做了日本人的联络员。有一天，日本人把他传去。有个当官的挎着东洋刀站在傻花子跟前，把胳膊一伸，又把大拇指和食指一伸，像个八字，嘴里叽里咕噜地说着什么。傻花子明白鬼子的意思，找八路军呢。还没等翻译说，傻花子就点头哈腰地说："有有有，我回去给你找去。"那个日本兵听翻译说，这傻花子知道八路军在那，又见他挺顺从，就让他回去了。

傻花子回到村里，就找来了两个人，围着村见树就上，见柯杈树就锯，锯了一大车木头柯杈子。第二天，他把这车木柯杈子拉到了炮楼底下。那个日本鬼子见傻花子来了，就问他："这车上是什么？"傻花子说："你要的木柯杈子拉来了。"日本鬼子听翻译一说，可气坏了，上前就扇了傻花子两巴掌。他又把那两个手指一伸，说："我是问你，知道不知道八路军在哪里，谁要这木柯杈子！"傻花子一听，故意装作傻了眼的样子，也不敢言声。

那个日本鬼子又问傻花子："你的，知道八路军藏在什么地方？""不知道，不知道。"傻花子连说了好几个不知道。

"不知道，滚！"

一说这，那傻花子一阵风地跑了。

七、送逃婚女回家

这是一个真实的故事,这个故事就发生在耿村。

1993年秋天的一个晚上,耿村靳大妈家突然来了一个闺女。她刚一来,大妈的儿媳妇靳惠萍问她话,她一句也不说,倒炕上就躺下了。

靳惠萍一见那闺女这样子,想是她累了,就把大门一关,来到街上。人们问她:"你家来的那个闺女是谁呀?"

靳惠萍笑着说:"俺家拾了个闺女。"

"那你家可发财了。"

村里人有说这的,也有说那的,议论纷纷。

工夫不大,靳大妈从田里干活回家,靳惠萍对她说:"咱家来了个闺女,也不知道她是哪里人,问她也不说话。"

大妈进屋一看,二话没说,

靳景祥在果园讲故事
靳景祥在家门口讲故事
靳景祥在菜园里讲故事
靳景祥在自家讲故事(张罗义摄)

拿起奶粉给姑娘泼了一碗奶，递给闺女。那闺女又饥又渴，接过碗一口气喝完了。

晚饭时，大妈和靳惠萍又做了些好吃的，端来让那闺女吃。等她吃饱了，大妈和靳惠萍一问才知道，原来她是辛集南宫营村人。因父母给她找了个婆家，她不同意，一生气就跑到姑姑家住了五六天。姑姑也帮着她父母劝说她，她一烦就又跑出了姑姑家。

她盲目地走了好几天，想往回返，也不知道姑姑家和自家的家门了。她就还走，一直走过晋州，到了藁城的耿村。

从辛集到耿村，她身上无钱，一直饿着。这天，她走到大妈家门口，实在走不动了，就去她家了。饿得连说话的劲都没了，就躺倒了炕上。

靳大妈问清了闺女的来历和住址，就跟儿媳妇商量好，打算第二天把闺女送回家去。

第二天，靳大妈找来好管闲事的热心人武小鸾做伴儿，找车把闺女送到了辛集市南宫营。她们到这个村一问，没费劲就找到了闺女的家。

再说闺女的爹娘一直找不到女儿，快急死了。今天突然见女儿回来了，他们就抱在一块，哭啊哭啊，一个个都哭成泪人了。

爹娘哭了一会儿，说什么也不让靳大妈和武小鸾她们走，硬是留他们吃了一顿饭。

后来，闺女的父亲领着一群人，来耿村给靳大妈家送了一块匾，匾上写着"助人为乐好风尚"七个大字。

靳大妈和武小鸾送逃婚女的故事，就一传十、十传百，在耿村一带传开了。

八、张老连和花子

烧椽子烤火

早先，耿村有个笑话篓子叫张老连，和傻花子俩人净出些个怪事。

日本兵还在的时候，张老连和花子在村里打更、站岗。这一年冬天冷得不行，俩人夜里站岗，冻得实在饿不住劲了，张老连就说："花子，冷得饿不住了，你去弄些柴禾吧，咱俩烤烤火。我先在这站着。"花子就找柴禾去了，围着村转了几圈也没找见，转到老连家门口，见院里摆着一摞橡子，心里想："干脆，我把老连家的橡子扛去吧！"于是就扛来了，俩人点上火烤开了，橡子又干挺好烧，火苗旺上旺，一会儿俩人就烤暖和了，心里也乐了。

老连一看烧的净是些橡子，就问："你这是从哪儿弄得干巴柴禾，我看像我院里的橡子。"花子一笑说："不是，烤吧！我能拿你的吗？"等把橡子烤完了，天也快亮了，花子起来说："不是你的橡子是谁的？黑更半夜里，我去哪儿给你找干巴柴禾？烧了你家的橡子，准没人找我。"老连一听也没了法。

对骨牌

这一年冬天，老连、花子和喜文仨人对骨牌，花子输得没了钱就说不玩了。老连说："玩吧！你就不会想个法儿去？"花子问："这没了钱想嘛法呀？"老连又说："物件卖了不是钱吗！"花子一想："对啊，偷点物件卖了不是钱吗！"偷谁的哩？喜文家有个水车，里边的铁轴挺值钱，花子就出去把喜文的水车轴抽出来，捆了一捆扛过来往地上一倒说："我办了点儿货，喜文哥，折合给你吧，正好你家有台水车。"喜文一想合算就答应了，问花子："行喽，算几块钱？"花子说："要个四五块钱吧！"喜文就给了花子五块钱，把水车轴买了。三人就接着玩，不一会儿，花子又输了，老连说："再去想想法儿。"花子又出去把老连家的大铁橛子偷出来，往地上一放说："老连哥，水车轴喜文哥要了，这橛子算你的，看着给几块钱算了。"老连也没看，反正赢了不少钱，就给了花子两块钱把橛子买下了。仨人又接着玩。

玩牌结束，回到家，老连一看橛子是自家的，喜文一看水车轴也是自家的，就说花子："你看你，怎么把俺们的偷来了？"花子说："看，和你们当牌，输给你们了，不偷你们的还能偷谁的？"

九、北京的交警

耿村有个年轻的司机叫刘跃辉，家里做布匹生意，天南地北到处跑。

有一天夜里，在北京外环上行车，由于路况不熟悉，违章被交警扣了驾驶本。

老鼠怕猫，卤水怕豆腐，司机最怕交通警察，这叫一物降一物。没办法，刘跃辉只好点头哈腰地向交警说好话："大哥，我是外地人，人生地不熟，高抬贵手，下次一定注意。"

交警看他态度诚恳，问："哪里人呀？"

"河北耿村的。"

"就是那个有名的故事村？"

"对，对，对！大哥，你知道俺们耿村？"

"在电视、报纸上见过耿村的介绍。这样吧，你给我讲个故事，讲得好把本还给你，讲不好，按规章罚款。"

刘跃辉一听高兴了，讲故事还不是俺耿村人拿手好戏，他立马讲一个笑话《三句话不离本行》，逗得交警哈哈大笑，说："耿村故事名不虚传。"说完将驾驶本还给了刘跃辉。

十、中国故事第一村

1991年5月，是耿村人永远难忘的日子，由河北省文联等单位联合主办的"中国耿村故事家群及作品和民俗活动国际学术讨论会"在藁城市隆重召开。藁城市到处张灯结彩，彩旗飘扬，耿村的大街小巷贴满了花花绿绿的标语，村民们把家里家外打扫得干干净净，像过年一样隆重，等待着中外客人的光临。

会议自5月11日开始，到5月17日结束。参加这次会议的有中国各省（区）著名民间文艺、民俗学专家及德国、日本等国学者，共60多人。开幕式结束后的当天下午，耿村的靳景祥、靳正新、孙胜台、张才才、侯果果等60名故事家与出席会议的中外专家学者见面，并现场作了演讲。

5月14日，中外专家、学者、新闻记者、省市领导等200多人专程去耿村考察、听故事。浩浩荡荡的车辆开进耿村大街，热情的村民争着把客人往自家领。尤其那两个德国学者，长着蓝眼睛、黄头发、高鼻梁，最引人注目，大家争着给他们讲故事，把翻译忙得喝口水都顾不着。淳朴、善良、热情好客的耿村人感染了远道而来的专家们，一位日本学者在徐大汉家听故事，随后也讲了一个日本的传说故事。专家学者们走街穿巷，仔细地考察耿村的风俗民情，对耿村的故事大为称赞，认为这是一种罕见的民俗文化奇观。

外国人到耿村听故事的消息经电视、报纸宣传报道后，三里五乡的村民们简直不敢相信这是真的，议论纷纷，"讲瞎话"还能引来外国人？耿村这下可出名了。耿村从此名扬世界，香港《大公报》称之为"中国故事第一村"。

1994年春天，联合国教科文组织戈贝伊一行到耿村考察，美国、加拿大、法国、日本等国家和中国台湾、香港地区专家纷纷前来进行考察，中央电视台等新闻媒体到耿村采访录像。1997年美国故事协会的史密斯先生率67人来到耿村，开展了大规模的国际民间故事交流活动。

从此，美国故事协会年年到耿村进行故事交流活动，将耿村故事推向了新的高峰。

十一、孙胜台治病——不用药

孙胜台是耿村著名的大故事家，1927年生人，她能讲两百多个故事。她讲的动物故事《虱子告状》被专家贾之、金茂年称之为"第一次听到的珍品"，还被河北省电视台录过像。普查组每次到耿村，她都是重点采录者之一。

2006年腊月，孙胜台病倒了，腿疼、头疼、浑身无力，每天躺在床上不动弹，靠儿子靳吉灶送饭喂水伺候着。

靳吉灶是个医生，他发现母亲的身体并无大恙，就让她下床到外边活动活动，不能天天卧在床上。孙大娘说啥也听不进去，说："儿啊，娘老了，身子骨发沉，不活动了，就这样等死吧。"

靳吉灶给娘说好话，哀求她，可怎么着也不行。靳吉灶知道娘最喜欢讲故事，灵机一动，想了个办法。这天晚上，打发娘吃了饭躺下，叹口气说："娘，今天大队干部找我，说普查组过几天要来，你的病这么重，人家来了你也讲不了，干脆通知他们来了就别到咱家，找别的人讲故事吧。"孙大娘听后，"霍"地坐了起来，说："我这点病算什么？可别说不让人家到咱家。"

第二天，孙大娘拄上拐棍到街上溜达去了，儿子靳吉灶故意说："娘，你怎么出来了，快回家躺着吧。"孙大娘她把手一挥说："没事，我好了！"

十二、徐丑货游览赵州桥——不用自己掏腰包

徐丑货出生于1966年，能讲150多个故事，是耿村青年故事家的代表人物之一。

徐丑货头脑灵活，善于经商，初中毕业后在家办起了服装厂，后来又办酒厂。别看他小时候上学念书不怎么样，讲起故事来可是定州窑上的瓦盆——出来就一套一套的，想怎么讲就怎么讲，滔滔不绝，出口即是。

1988年秋天的一天，徐丑货到宁晋县跑业务，回家时因错过了公共汽车的发车时间，他不想等下一班车，就到公路上拦住了一辆小轿车。赶巧，车上没其他人，就司机一人。司机有40多岁，非常健谈，两个人天南地北地聊了起来。

当车行到赵县地界时，徐丑货想起了神奇、美丽的赵州桥，他一直想到赵县亲眼看看古老的赵州桥，但总没机会。这时他脑海里突然冒出一个大胆的想法，能否说服司机一块做伴到赵州桥看看呢？

徐丑货的姥爷是个故事家，姥爷曾给他讲过不少赵州桥的传说故事。徐丑货于是拿出看家本事，眉飞色舞、绘声绘色地讲起了赵州桥的传说，

从鲁班如何架桥、如何擒龙、如何与妹妹打赌到张果老倒骑驴桥上走、乾隆过桥、日本人盗桥等，一口气讲了十几个故事。司机听着听着被迷住了，没想到眼前这个小伙子知识这么多，而且讲的头头是道，他对赵州桥来了兴趣。只见司机抬胳膊看看手表，说："赵州桥既然这么一好，咱今天路过这儿若不去看看岂不遗憾？"徐丑货听司机这么说，正中下怀，赶紧添油加醋地说："太好了，我愿陪大哥走一趟，做免费导游。"

司机拉着徐丑货来到赵州桥，门票钱也不让徐丑货掏，俩人高高兴兴地参观了一遍，又开车上路了。

靳景祥给中外采访者讲故事（肖政摄）

后 记

当这部书稿写完最后一章时,我凝视着电脑屏幕长长地出了口气,有一种如释重负的感觉。之所以下决心要为靳景祥老人写传记,缘由有二。

首先,是冯骥才主席的话语一直在激励、鞭策着我。他曾说:"中国民间文化是中华民族情感的载体,是中国民族文化的一半,永远是民族文化的源头与根基,民族民间文化才是构成我们民族的DNA。民间文化杰出传承人在中国民间文化发展过程中有着特殊的贡献,有史以来中华大地的民间文化就是凭仗着千千万万、无以数计的传承人有序地传衍着。他们像无数雨丝般的线索,闪闪烁烁,延绵不断。我们要尽快认定和着力保护传承人。我们的祖国太大了,我们的文化太灿烂、太多样了。再不动手抢救,无数散落民间的文化遗产就要消失在历史尘埃之中!"

其次,是我对故事家有着深厚的感情和发自内心的敬佩之情。早在1987年5月,当我第一次到耿村参加民间文学三套集成大普查时,就有幸认识了故事家靳景祥及他的家人,后来他成了我主要采访的对象,并于1989年出版了他的故事专集

《花灯疑案》。自1987年5月至1990年间,我曾先后八次吃住在耿村,大约150天。我们之间结下了深厚的友谊,我对他像亲生父母一样敬重;他和老伴对我像亲生女儿一样关爱,多年来,联系从未间断。

2007年6月,靳景祥被中国文联、中国民间文艺家协会命名为"中国民间文化杰出传承人",全国首批共命名166人,靳景祥是其中之一。为了给他写传记,我于9月再一次前往耿村住在了他们家。不知是巧合还是命运的安排,第一次到耿村是1987年,这次是2007年,一晃整整20年。20年对历史来说只是一瞬间,但对人来说却是最宝贵的年华,虽然工作繁忙,但我始终惦念着耿村和故事家靳景祥。他们鲜活的生活、不懈的追求和传承民间文化的执着与热情,犹如电影一样总在激励我。

在写作过程中,我始终掌握一个原则,以田野调查和故事家口述史为事实根据,尽可能将靳景祥故事的渊源、传承、讲述艺术、影响等交代清楚,

靳景祥与本书作者在一起(张罗义摄)

以便全方位、立体地呈现故事的全貌。对耿村的人文历史主要查阅了《藁城县志》及众多田野调查报告等资料，对民间口头传说则做适当选择。

常言说，人在文化中，很累；文化在人心中，很痛快。在撰写《民间故事家——靳景祥》这部书中，我再一次感受到民间文化的博大和深邃，体会到耿村故事对构建和谐社会的价值和魅力。同时，深深体会到与靳景祥老人打交道既是学习提高的过程，也是历练品性、增长人生阅历的好机会；学到许多书本上没有的知识，可以说是我人生中的一笔难得的财富。

在耿村采访期间，得到了藁城文联樊更喜、文化馆于永和等同志的大力帮助，得到了耿村故事家孙胜台、张才才、靳言文、靳春利等人的无私关照；省文联摄影家张罗义老师亲自陪我到藁城市、耿村拍照；同事武晔卿等同志给予我大力支持。我要感谢的人很多，在这里请允许我真诚地对大家一说声：谢谢！本书中使用的图片，未署名的均为本人拍摄。

为一个有影响的故事家立传是一项要求很高的事。由于水平有限和成书仓促，书中定有许多遗漏和不当之处，敬请各位方家批评指正。

杨荣国
2008年10月9日

图书在版编目(CIP)数据

民间故事家——靳景祥/杨荣国著. —北京:民族出版社,2011.3

(中国民间文化杰出传承人丛书/冯骥才,白庚胜主编)

ISBN 978-7-105-11450-4

Ⅰ.①民… Ⅱ.①杨… Ⅲ.①靳景祥—传记 Ⅳ.①K825.72

中国版本图书馆CIP数据核字(2011)第036394号

出版发行	民族出版社
地　　址	北京市和平里北街14号　　邮编:100013
网　　址	http://www.mzcbs.com
印　　刷	民族印刷厂
经　　销	各地新华书店
版　　次	2011年3月第1版　2011年3月北京第1次印刷
开　　本	787毫米×1092毫米　1/16
印　　张	8.75
字　　数	180千字
定　　价	28.00元
书　　号	ISBN 978-7-105-11450-4/K·2014(汉1113)

该书如有印装质量问题,请与本社发行部联系退换

编辑室电话:010-64271909　　发行部电话:010-64224782